Sexo y género a debate

Colección EDUCACIÓN

30

JUAN MARÍA URIARTE

SEXO Y GÉNERO A DEBATE

© Ediciones Mensajero, 2023
Grupo de Comunicación Loyola
Padre Lojendio, 2
48008 Bilbao – España
Tfno.: +34 944 470 358
info@gcloyola.com
gcloyola.com

Diseño de cubierta:
Félix Cuadrado Basas (*Sinclair*)

Impreso en España. *Printed in Spain*
ISBN: 978-84-271-4886-4
Depósito legal: BI-1253-2023

Fotocomposición:
Rico Adrados, S. L. – Burgos / www.ricoadrados.com

Impresión y encuadernación:
Gráficas Lope, S. L. – Salamanca / www.graficaslope.com

Índice

Introducción 7

PARTE DESCRIPTIVA

1. Sexo, género y feminismo (1.ª fase) 19
2. Sexo y género a partir de finales del siglo XX (2.ª fase) 33

PARTE EXPLICATIVA

3. Movimientos sociales y avances científicos 53
4. El trasfondo mental y vital de las teorías de género 79
5. Posición de la Iglesia 93

PARTE VALORATIVA

6. Sexo y género: valoración 107

PARTE OPERATIVA

7. Una posición activa y abierta ante el debate acerca del sexo y el género 151

Epílogo. Posiciones actuales 165
Índice general 172

Introducción

Hasta hace unos decenios, la palabra *género* tenía entre nosotros un significado muy limitado. Existía el género gramatical (*el* sol, *la* luna) y se utilizaba la expresión *género humano* para englobar a la entera humanidad, masculina y femenina.

A partir de mediados del siglo pasado ha ido adquiriendo progresivamente una extensión y un relieve extraordinarios. Hoy es utilizada profusamente en los medios de comunicación social, en las universidades, en la escuela y en determinadas leyes. Es cada vez más habitual en el lenguaje corriente. Las expresiones *estudios de género, perspectiva de género, violencia de género* resultan bastante corrientes.

No se trata simplemente de una palabra «que ha hecho fortuna». Su contenido mental ha ido imponiéndose y evolucionando aceleradamente. Palabra y contenido se han convertido en símbolo de un cambio cultural que en nuestros días impregna velozmente la mentalidad y sensibilidad del mundo occidental y lo va modificando profundamente. Sobre todo hace mella extraordinaria en las generaciones juveniles y cuenta hoy con un potente «viento a favor».

1. Los postulados básicos del pasado

Los cambios culturales y los conceptos estelares generados por ellos no surgen «porque sí». Suelen ser una reacción ante poderosos esquemas mentales y vitales que anteriormente han sido indiscutidos o altamente hegemónicos y tradicionales. No pueden comprenderse sino en referencia a aquello que contradicen. Si queremos asomarnos a esta nueva cultura occidental y a sus expresiones clave, como el concepto *género*, habremos de detenernos siquiera someramente en diseñar la mentalidad y la sensibilidad que van siendo desplazadas por ellas.

He aquí los principales postulados fundamentales secularmente vigentes que están siendo desechados. Encontraremos entre ellos grandes y certeras intuiciones y lamentables desaciertos. Son profesados con mayor o menor resolución en las diferentes culturas del mundo.

- Los caracteres psicológicos y sociales de una persona y su tarea en la vida están determinados decisivamente por su sexo biológico.
- Este sexo es binario: masculino o femenino. Los muy limitados casos de ambigüedad sexual (intersexualidad y transexualidad) son alteraciones patológicas[1].
- Los dos sexos, aunque humanos, son diferentes en sus capacidades y tareas. El hombre es cerebral, creador, organizador. La mujer es sentimiento, acogida, cuidado. La tarea del hombre se orienta al espacio exterior, a la sociedad, a la vida económica y profesional. La tarea de la mujer se centra en el hogar: cuidar al esposo, criar a los hijos, ocuparse de los trabajos domésticos. Según la fórmula castellana, «Casa, calceta y cocina». Según el refrán alemán, «Kinder, Kirche, Küche» (niños, iglesia, cocina). El hombre, en cambio, se lleva las tres *P*: «Pre-

---

[1] En la *intersexualidad* la anatomía de los órganos sexuales primarios ofrece, en mayor o menor medida, caracteres de ambos sexos. Se ha llamado *hermafroditismo* a esta configuración. En la *transexualidad* el sujeto humano ha nacido con el cuerpo que corresponde a uno de los dos sexos, pero mentalmente se siente del otro sexo.

ñador, protector, proveedor». Lo propio del hombre es la justicia; lo peculiar de la mujer es la concordia.

- El sexo es un instinto primordialmente anatómico y fisiológico. El objetivo del instinto sexual es, ante todo, asegurar la reproducción de los seres humanos. Sus aspectos placenteros y gratificantes son complementarios.
- Tanto en el hombre como en la mujer, el sexo está dotado de una orientación heterosexual. El hombre y la mujer se atraen sexualmente. Tal atracción los impulsa a unirse en el abrazo sexual. La homosexualidad es considerada como una patología.
- El encuentro entre el hombre y la mujer no es solo sexual. Pueden y suelen combinarse en él la pasión sexual y el amor, que con frecuencia están mutuamente entreverados. La calidad humana del amor es excelente; la del sexo, por ser instintiva, es de mucha más baja nobleza. El amor legitima y sosiega la intemperancia del instinto sexual, que, de por sí, es más errático (más propenso al cambio de pareja) al menos en el hombre.
- El matrimonio heterosexual es la institución coherente con el amor y la sexualidad del hombre y de la mujer. No pueden equipararse con él las «uniones de hecho» ni el llamado «matrimonio homosexual». El matrimonio heterosexual es especialmente fecundo por los hijos que engendra y cría. Es el único espacio realmente apto y cálido para su educación. Esta es su mayor aportación a la sociedad.
- El hombre y la mujer no son solo diferentes. El hombre es superior a la mujer. Está mejor dotado que ella por la naturaleza para determinadas tareas necesarias para la sociedad. En consecuencia, a la mujer le corresponde vivir subordinada a su marido y a su jefe, si realiza tareas exteriores al hogar. Por ello, es justo que

tanto en el seno de la familia como en el mundo exterior sea el hombre el que ejerza la autoridad y tenga la última palabra. Es asimismo lógico que los deslices morales de la mujer sean más reprobables que los del hombre.

2. El malestar generado por los postulados enunciados

Esta mentalidad, convertida en costumbre y ley, no podía por menos que provocar un malestar creciente, al menos en bastantes de sus enunciados, sobre todo en las mujeres. Pero no solo en ellas. En pleno siglo XVII (1671) un joven sacerdote de veintiséis años –Poullain de La Barre– escribió un polémico libro titulado *La igualdad de los sexos*, en el que deshacía los prejuicios existentes sobre las mujeres y propugnaba para ellas el acceso al saber. «La mente no tiene sexo» era uno de sus axiomas. En el siglo siguiente, las mujeres más conscientes de su injusta situación esperaron de la Ilustración y de la Revolución francesa que fuera proclamada y materializada la igualdad entre el hombre y la mujer. La lógica de la Ilustración y la Declaración de los Derechos del Hombre y del Ciudadano así lo requerían. Pero olvidaron «un detalle»: la mitad de los seres humanos son mujeres. Rousseau, uno de los prohombres de la Ilustración, escribió: «La educación de las mujeres debe ser relativa a los hombres: complacerles, serles útiles, hacerse amar y honrar por ellos, educarles de jóvenes, cuidarles de mayores, aconsejarles, consolarles, hacerles la vida agradable. He aquí los deberes de las mujeres en todos los tiempos y lo que se les debe enseñar desde su infancia»[2]. Este es el

---

[2]   J.-J. ROUSSEAU, *Emilio o de la educación*, Edaf, Buenos Aires 2013, libro V, 42b.

tenor de las declaraciones de las figuras de la Ilustración. En este punto «el Siglo de las Luces [fue] el siglo de las sombras»[3]. El Siglo de las Luces fue ciego para reconocer la dignidad de la mujer y su equivalencia con el hombre. Con razón se ha escrito que «el feminismo es el hijo no querido de la Ilustración».

La Revolución francesa que estalló a fines del mismo siglo XVIII no fue más lúcida, sino más brutal, respecto del mundo femenino. Encarceló, desterró e incluso llevó a la guillotina a las mujeres que defendían la paridad del hombre y de la mujer. «Las mujeres que (junto a los hombres) llevaron a cabo la Revolución francesa observaron cómo el nuevo Estado revolucionario no encontraba contradicción alguna en pregonar a los cuatro vientos la igualdad universal y dejar sin derechos civiles a todas las mujeres»[4]. Tal vez el caso más emblemático es el de Olimpia de Gouges, destacada luchadora revolucionaria que, una vez instaurado el nuevo régimen, redactó la Declaración de los Derechos de la Mujer y de la Ciudadana (1791). Olimpia acabó en la guillotina (1793).

Entre las mujeres, muchas habían interiorizado secularmente su condición de inferioridad y sumisión. Otras se habían resignado a ella. Un pequeño grupo expresaba en Francia incluso públicamente su malestar e indignación. Son notables en Francia sus *cahiers de doléances* (cuadernos de quejas). Otros grupos con análogas inquietudes surgieron en Inglaterra[5] a mitad del siglo XVIII. De estas brasas surgiría,

---

[3]   A. VALCÁRCEL, M. D. RENAU y R. ROMERO (eds.), *Los desafíos del feminismo ante el siglo XXI*, Instituto Andaluz de la Mujer, Sevilla 2000, 20.

[4]   A. DE MIGUEL, «Feminismos», en C. Amorós (dir.), *10 palabras clave sobre mujer*, Verbo Divino, Estella 2002, 223.

[5]   La figura clave fue M. WOLLSTONECRAFT, con su obra *Vindicación de los derechos de la mujer*.

en su momento, el movimiento feminista, principal promotor del concepto de género.

El siglo XIX no sería mucho más propicio para la mujer[6]. La Revolución Industrial y el capitalismo la mantuvieron todavía marginada y subordinada. Tampoco el marxismo naciente hacia la mitad del siglo luchó a favor de ella. Según Engels[7], la mujer padecía una situación de inferioridad porque estaba excluida de la propiedad privada. Recuperaría automáticamente su dignidad y equiparación con el hombre cuando triunfara la revolución socialista. Mientras tanto, los movimientos feministas restaban, según él, vigor revolucionario al movimiento social que el marxismo promovía. Feminismo y marxismo resultaron «un matrimonio mal avenido» (Hartmann). Sus relaciones fueron difíciles y tormentosas. A muchos marxistas «la mujer emancipada les era tan antipática como el socialismo a los capitalistas»[8].

Habrá que esperar al siglo XX para que el feminismo renaciente incorpore sus fundamentos teóricos propios: los conceptos de patriarcado y de género.

3. La estructura de mi exposición

Una vez expuesta la secular mentalidad minimizadora de la mujer y su tenaz pervivencia en la Edad Moderna, pretendo asomarme al tema «Sexo y género a debate» a través de cuatro

---

[6] NIETZSCHE: «Un varón que tenga profundidad [...] no puede pensar nunca sobre la mujer más que de manera oriental: tiene que concebir a la mujer como posesión, como propiedad encerrable bajo llave, como algo predestinado a servir y que alcanza su perfección en la servidumbre» (en *Más allá del bien y del mal*).

[7] MARX y ENGELS escribieron el *Manifiesto comunista* en 1848.

[8] A. BEBEL, *La mujer y el socialismo*, Júcar, Madrid 1980, 117.

pasos consecutivos. El primero intenta *describir* la gestación y gradual transformación del concepto de género (capítulos 1 y 2). El segundo se propone identificar sus factores generadores y las corrientes culturales *de fondo* que subyacen al surgimiento y predominio de este concepto central «cargado de radiactividad». Es la parte *explicativa*. El tercero tantea un discernimiento *valorativo* de la mentalidad clásica recién descrita y, en concreto, del contenido del concepto de género en sus dos acepciones principales, de sus resultados y de sus señaladas consecuencias. En este discernimiento resaltaremos con firmeza algunas convicciones de alto calado que estimamos fuera de un debate sensato y creemos deben defenderse con claridad y energía. Emitiremos, con un subrayado menor, otras que, tras un examen de las razones que las avalan, nos parecen más razonables que las contrarias. Formularemos también aquellas proposiciones que, en el actual momento científico, cultural y social están necesitadas de una ulterior profundización para ser validadas o invalidadas. Un cuarto momento de este trabajo es de carácter *operativo*: se propone diseñar las actividades y tareas requeridas por el debate que nos ocupa.

4. Observaciones preliminares

Si hay un tema en el que la razón puede ser obnubilada por la *pasión humana*, es precisamente este. Al abordarlo resuenan dentro de nosotros impulsos, temores, complejos, experiencias difícilmente controlables que nos inclinan en una u otra dirección. No me siento ajeno yo mismo al influjo de todo este mundo interior. Quien se asoma a este debate debe ser consciente del riesgo de una reflexión sesgada.

La misma *complejidad* de esta temática contribuye poderosamente a la diversidad de posiciones. El asunto es multidisciplinario. Tienen una palabra que decir la biología, la historia, la psicología, la sociología, la antropología cultural, la filosofía y, entre creyentes, la teología. Debería ser abordado por un equipo interdisciplinario sensible a todas estas especialidades del saber. No es fácil la formación de este equipo ni la fundamental convergencia necesaria entre sus miembros. Precisamente estas dificultades me han motivado a abordar la terea en solitario. No sin consultar a personas y publicaciones competentes. Soy muy consciente de las limitaciones de este trabajo. Me conformo con que sea útil a personas inquietas que tengan responsabilidades orientadoras o educativas: padres, profesores, sacerdotes.

Muchas personas piensan que las dos principales posiciones enfrentadas en este debate son las teorías de género y sus apoyos sociales y legales por un lado y la Iglesia, sobre todo la católica, por el otro. No lo creo así. Un reciente sondeo realizado en Francia[9] muestra que un 53 % de encuestados se revela favorable a la perspectiva del género, un 37 % desecha esta perspectiva y un 33 % la considera incluso peligrosa. Las distintas opciones de la ciudadanía francesa no están numéricamente tan alejadas entre sí, aunque, como he indicado, el vigor y la velocidad de propagación de la nueva corriente es netamente mayor. Pero el futuro no está escrito en las estrellas.

El ámbito de mi exposición es limitado. Se remite estrictamente al título del libro. Pero está obligado a tocar, siquiera someramente, una constelación de temas esencialmente conectados con el binomio sexo-género, el feminismo, el movimiento LGTBIQ, la transexualidad y el transgénero. Ade-

---

[9] J.-F. BRAUNSTEIN, *La filosofía se ha vuelto loca*, Ariel, Barcelona 2019, 10 (el título original lleva signo de interrogación: *La philosophie devenue folle?*).

más, es preciso recoger algunas aportaciones de las ciencias, el contexto filosófico y social que propicia el debate y las consecuencias para la familia tradicional, la sociedad, etc. La temática y la problemática de la homosexualidad quedan, en principio, excluidas de la reflexión de este libro. Ciertamente, gais y lesbianas, como miembros solidarios de la asociación LGTBIQ, hacen suyas las posiciones avanzadas de la teoría trans. Pero estas reivindicaciones (por ejemplo, el cambio de sexo y de género) no les afectan como grupo particular. Generalmente un gay se siente hombre, no mujer; no desea cambiar su condición masculina. Una lesbiana se siente mujer; no aspira a ser hombre.

Mi aportación no se sitúa en el marco de la *ética*, sino en el de la *antropología subyacente*. Con el propósito de dialogar con quienes no comparten la fe cristiana, quisiera elaborar un texto que no presuponga la fe que profeso.

PARTE DESCRIPTIVA

1
Sexo, género y feminismo
(1.ª fase)

El movimiento feminista es el factor principal en el alumbramiento del debate que nos ocupa. «El feminismo es una teoría y práctica política articulada por mujeres que, tras analizar la realidad en la que viven, toman conciencia de las discriminaciones que sufren por la única razón de ser mujeres y deciden organizarse para acabar con ellas, a fin de cambiar la sociedad. Partiendo de esa realidad el feminismo se manifiesta como filosofía política y, al mismo tiempo, como movimiento social. Con tres siglos de historia a sus espaldas, ha habido épocas en las que ha sido más teoría política y otras, como la del sufragismo, donde el énfasis estuvo puesto en el movimiento social»[1].

Los historiadores e historiadoras del feminismo describen el itinerario recorrido por este distinguiendo en él oleadas sucesivas. Algunos consideran como primera oleada aquella que se caracteriza por los «cuadernos de quejas», los salones literarios y políticos de la burguesía femenina y los dos perso-

---

[1] N. VARELA, *Feminismo para principiantes*, Penguin Random House, Barcelona 2019³, 20.

najes, Olimpia de Gouges en Francia y Mary Wollstonecraft en Inglaterra. Reclamaban el derecho al trabajo fuera del hogar, los derechos respecto a sus hijos y el derecho al voto activo y pasivo. Otros historiadores consideran esta fase como un proemio de las verdaderas oleadas. En este libro vamos a prescindir de estas clasificaciones y a distinguir varias fases que, a mi entender, nos ayuden a comprender mejor la génesis y la evolución del concepto de género. Resulta apasionante seguir todo el proceso.

1. La primera fase

Tiene su nombre: *sufragismo*. Se localiza en Estados Unidos e Inglaterra.

En Estados Unidos tiene como punto de partida la Declaración de Seneca Falls en 1848[2]. Sus protagonistas son mujeres de la burguesía media, cada vez más incómodas con su condición de propiedad de sus maridos y excluidas de la educación y de las profesiones civiles. Se proponen como objetivo conseguir *el derecho a votar y a ser votadas*. Son abandonadas por el movimiento antiesclavista, al que se habían asociado. Se sienten solas, pero no desisten. Organizan campañas estado por estado. Insisten durante largos años. En 1920 consiguen su objetivo. Lograron no solo el voto, sino también el acceso de las mujeres a la educación superior.

En Inglaterra las sufragistas obtuvieron el reconocimiento de su reivindicación tras cuarenta años de insistencia denodada. Primero por medios legales: elevaron su petición al

---

[2] Seneca Falls es una modesta población del estado de Nueva York. En una capilla metodista, cien personas, mayoritariamente mujeres, redactan este documento iniciador de su larga y valerosa campaña.

Parlamento en 2588 ocasiones. El apoyo de Stuart Mill les fue insuficiente. Pasaron entonces a la no violencia activa. Fueron multadas y encerradas. Tuvo que estallar la Guerra Mundial en 1914 para que el rey las amnistiara. En 1917 lograron el derecho al sufragio (Alemania lo reconoció en 1919, España en 1931). Todavía no se percibe la silueta del concepto *género*, pero se atisba en lejanía.

Las sufragistas reivindicaron también la igualdad dentro del matrimonio, el derecho al trabajo civil, igual remuneración a igual trabajo y la potestad de dedicarse a la enseñanza. Pero la «joya de la corona» era el sufragio.

¡Vana ilusión! Cometieron la ingenuidad de pensar que, obtenido el sufragio, la igualdad entre hombres y mujeres vendría espontáneamente. Hasta el punto de que el movimiento feminista sufrió una enorme decadencia en el tiempo de entreguerras. Cayeron en el simplismo de creer que la igualdad legal entrañaba la igualdad real. Durante décadas se dio por muerto al feminismo.

2. La segunda fase

a) *Simone de Beauvoir*

En esta situación desoladora surgió en Francia una figura crucial que dotó al feminismo de una base teórica que le hizo resurgir: *Simone de Beauvoir*. Su obra[3] *El segundo sexo*, publicada en 1949, fue decisiva. Compañera de J.-P. Sartre, es una intelectual de altura y de sólida formación. Su tesis central es esta: la mujer, tal como existe en la sociedad, es un ser relativo respecto del hombre. Es «la otra» respecto a los varones. Estos detentan el poder y ge-

---

[3]   S. de BEAUVOIR, *El segundo sexo*, Siglo XX, Buenos Aires 1968.

neran la cultura. La mujer necesita ser ratificada por el varón en todos los ámbitos de la vida. No asume su existencia como sujeto humano, sino que se identifica con la imagen que el hombre se construye de ella. Esta imagen responde a los intereses varoniles. La mujer está discriminada. Hay que promover su emancipación.

No hay nada natural ni biológico que justifique esta subordinación de las mujeres. Desde la Edad de Bronce la cultura valoró más a quienes arriesgaban la vida (el varón lo hacía en la peligrosa caza y en la defensa de la comunidad frente a agresiones exteriores) que a quienes, con su poder de concebir, ofrecían a la comunidad nuevos miembros.

La autora distingue, pues, entre naturaleza y cultura. La naturaleza produce el sexo biológico (varón o hembra). La cultura, creada por los varones para salvaguardar sus intereses, determina qué tienen que ser psicológica y socialmente el hombre (dominador) y la mujer (sometida). Esto sucede en todas las culturas. La mujer, pues, «no nace» tal como la configura la naturaleza; «se hace» por obra y gracia de la cultura.

Simone de Beauvoir no usa expresamente la palabra *género*. Pero ofrece al feminismo todos los elementos para crearla. «El relieve que atribuye a la cultura en la gestación de la imagen social de la mujer hace derivar la atención (hasta entonces) concentrada en su condición corpórea e induce el aflojamiento del *vínculo entre género sociocultural y sexo biológico*. Este vínculo será más tarde totalmente disuelto en ulteriores fases del feminismo»[4]. La imagen de la mujer se considerará totalmente construida por la cultura.

---

[4] A. FUMAGALLI, *La cuestión del* gender, Sal Terrae, Santander 2016, 26.

b) *El feminismo se adhiere a las tesis de John Money*

Este autor, venerado en una primera fase por el feminismo y duramente criticado después, va a ser el *primero en explicitar el concepto de género*[5].

John Money, en 1950, dedica sus primeros estudios a las personas hoy llamadas *intersexuales* (anteriormente *hermafroditas*). Es preciso, para mayor claridad, que nos demoremos brevemente en estos seres humanos. Un porcentaje mínimo (aproximadamente un individuo entre cien mil, según estudios sensatos) nace con una conformación irregular de sus órganos sexuales externos. Existen tres grandes variedades. Unos tienen testículos y ovario o un órgano mitad testículo mitad ovario (ovocito). Otros tienen una configuración sexual interna masculina y, sin embargo, presentan al nacer caracteres femeninos, como el clítoris, y rasgos masculinos deficitarios (por ejemplo, un pene muy reducido). Se les denomina *varones insuficientemente virilizados*. Un tercer tipo posee órganos sexuales internos femeninos, a pesar de lo cual, al nacer, junto al ovario aparecen rudimentariamente algunos rasgos sexuales masculinos. Se les califica como *mujeres virilizadas*[6]. Para evitar ambigüedades y ulteriores problemas de identidad («¿Soy chico o chica?») se les opera tempranamente asignándoles aquel sexo que augura una mejor adaptación al ambiente y una mayor identidad personal. No necesariamente la operación es coherente con su sexo

---

[5]   Aunque el que ofrece una idea más clara de él será el psicoanalista R. Stoller en un texto famoso, J. Scott concibe el género como «un instrumento para comprender cómo la sociedad gesta la jerarquización de los sexos y la subordinación de las mujeres a los hombres».

[6]   Cf. J. Mazuelo, «Atención pastoral a los estados de intersexualidad» en J. L. Martín Barrios (ed.), *Identidad de género y transexualidad. Cuestiones pastorales*, Edice, Madrid 2019, 51-82.

interno. Estos niños o niñas son educados según el sexo asignado en la intervención quirúrgica, sea o no sea conforme con su sexo interno.

John Money, asociado con algunos médicos, estudia más de un centenar largo de estos pacientes. Según él «con raras excepciones, se ha establecido que la psicología sexual de estos pacientes... corresponde a su sexo de asignación y de *crianza*, incluso cuando este último contradice el sexo cromosómico, el sexo gonadal, el sexo hormonal, las estructuras internas de los órganos reproductores y la morfología genital externa»[7]. En otras palabras: según este autor, los niños cuya estructura sexual interna es netamente masculina y cuya morfología externa presenta algunos rasgos masculinos, si son operados y dotados de un aparato externo femenino y son educados sin ambigüedades como niñas, se identifican con su feminidad y la viven con naturalidad. La educación recibida y la aceptación del entorno *prevalecen sobre el sexo* interno y parcialmente externo, que son masculinos. Lo mismo sucede en el caso de las niñas operadas y educadas como niños. El *género* producido por la educación y por otros factores ambientales se sobrepone al *sexo biológico*. Este género está construido por la educación y la cultura. En el debate de fondo entre naturaleza y cultura, esta última sale victoriosa. Sexo y género coinciden en la mayoría de los casos. Pero no hay entre el primero y el segundo relación necesaria alguna.

Money sintoniza en este punto con la escuela psicológica *conductista*, dominante por aquellos decenios. Esta escuela subrayaba el poder extraordinario de la educación y subestimaba los factores innatos de la persona. «El género vivido y sentido no queda establecido por el nacimiento, sino que

---

[7]   Citado por Braunstein, *La filosofía se ha vuelto loca*, op. cit., 27s.

se construye acumulativamente a través de experiencias». El autor populariza su hallazgo en su obra más célebre: *Man and Woman, Boy and Girl* [Hombre y mujer, chico y chica]. Este libro tuvo un éxito enorme. En él escribe: «Con la misma arcilla se puede empezar a modelar un dios o una diosa».

El movimiento feminista acogerá con entusiasmo esta tesis para aplicarla a su causa. Mentalizado ya por la obra de Simone de Beauvoir, se adhiere a la idea de que tanto el género masculino como el femenino que definen al hombre y a la mujer no solo no son naturales, sino que son una pura construcción educativa y cultural al servicio de la dominación de los hombres sobre las mujeres. Las cualidades que se atribuyen al hombre (raciocinio, capacidad organizadora, liderazgo familiar y social) y a la mujer (emotivismo, sumisión, receptividad) son producto cultural interesado de los varones. Si esta concepción del hombre y de la mujer es cultural y la cultura es algo modificable, está plenamente fundamentado y justificado el movimiento reivindicativo feminista. Se trata de conquistar lo que secularmente se les ha negado a las mujeres.

Esta tesis quedará confirmada para el feminismo por los subsiguientes trabajos de J. Money sobre los *transexuales*. El autor pensó que sus tesis sobre los intersexuales eran aplicables a los transexuales e incluso a cualquier niño o niña. «Si se le dice a un chico que es chica y se le educa como a una mujer, él querrá comportarse como una mujer» (*New York Times*).

Si esto es posible en la mayoría de los casos, resulta necesario en las personas transexuales. Money funda en 1965 una clínica para tales pacientes.

La persona transexual es una persona que se percibe atrapada en un sexo biológico con el que no se siente en absoluto identificada. Es físicamente varón y se siente mujer. O viceversa. Sus órganos sexuales internos y externos son correctamente masculinos o femeninos. Con todo, él (o ella) se siente del género contrario. No por ello es homosexual. Hay transexuales homosexuales y heterosexuales. El desajuste entre género sentido y sexo percibido le provoca seria incomodidad. Cuando esta es intensa y genera sufrimientos grandes y estados ansiosos y depresivos notables, se denomina *disforia de sexo*.

Muchas personas afectadas por este trastorno de identidad sexual pueden acabar socialmente aisladas. Este ostracismo genera en ellas una baja autoestima. El rechazo y las burlas de sus colegas escolares pueden provocar un sentimiento de aversión a la escuela. Nacen con frecuencia en niños, en niñas y en púberes ideaciones de suicidio o consumo de sustancias tóxicas. La depresión clínica se encuentra a menudo asociada a este cuadro, especialmente en adolescentes. Los síntomas de ansiedad acompañan también a personas adultas.

Es natural que, ante este panorama interior, busquen asistencia psicológica y médica. La medicina les procura un tratamiento que se despliega en tres niveles. El primero consiste en bloquear, mediante fármacos al efecto, la aparición de los signos de la pubertad. El segundo es inyectarles «hormonas cruzadas»: testosterona a las muchachas y estrógenos a los muchachos. El tercero es una operación quirúrgica por la que se les extirpan los órganos sexuales externos detestados y se les implantan los deseados. Esta operación se denomina *cirugía de reasignación de sexo*[8]. Según algunos especialistas, estos tratamientos «proporcionan una mejora sustancial

---

[8] El 36 % de las mujeres que quieren cambiar de sexo y género se ha sometido a una cirugía de la parte superior de su cuerpo. Otro 61 % lo desean. En cambio, solo el 3 % se ha sometido a la cirugía inferior (faloplastia) y un 13 % lo desean. En el caso inverso (cambio de hombre a mujer) el porcentaje de los que aspiran y acceden al tratamiento quirúrgico superior e inferior es más elevado.

y duradera; otros no son tan optimistas»[9]. La terapia hormonal dura toda la vida.

La atención psicológica es previa y posterior al cambio de sexo. Necesitan ayuda para apaciguar su disforia, afrontar las dificultades previas (incomprensiones, rechazos) y posteriores (adaptación al nuevo género de vida).

El número de genuinos transexuales es muy exiguo. Un sondeo realizado a casi cien millones de personas de doce nacionalidades arrojó la cifra de 4355 transexuales. Sobre el origen causal de este fenómeno no hay acuerdo. Se tiende a descartar una etiología exclusiva y a inclinarse por un agregado de factores[10]. Un porcentaje muy alto de niños y niñas inconformes con su sexo se «reconcilian» con él pasada la pubertad. Pero una leve minoría subsiste en su percepción y sufrimiento durante su vida ulterior.

Muchas feministas para quienes el pensamiento de J. Money era una especie de «biblia» siguieron sosteniendo que los cambios de sexo operados por él ofrecían una base firme para sus convicciones y reivindicaciones. No todas. Janice Raymond[11] y otras criticarán acerbamente estas operaciones, que afectaban cruelmente a personas con miembros sanos y, sobre todo, aplicaban la medicina a un problema que es de orden antropológico. Denuncian «el imperialismo médico» vigente en este asunto.

En su obra *Man and Woman, Boy and Girl*, J. Money «no cuestiona la creencia de los pacientes (que le demandan

---

[9] J. GAFO, «Intersexualidad y transexualidad»: *Razón y Fe* 225, nro. 1122 (1992), 412.

[10] J. AZNAR y J. TUDELA, «Aspectos biomédicos de la transexualidad», en *Transexualidad. Valoración pluridisciplinar del fenómeno y su regulación legal*, Universidad Católica de Valencia, Valencia 2017, 71.

[11] J. RAYMOND, *The Transsexual Empire*, Beacon Press, Boston 1979.

el cambio de sexo) ni intenta que se adapten a sus cuerpos. Él y los suyos adoptan la posición inversa y más fácil: transformar el cuerpo para que se adapte a su percepción y sentimiento»[12]. La elección de sexo comienza a ser considerada como un verdadero derecho humano. La figura relevante del libro es el caso de John-Joan, que el autor exhibe como el emblema de la victoria del género sobre el sexo. La verdad cruda es que resultó un trágico fracaso[13]. Al parecer, Money tuvo en estos empeños resultados positivos y negativos.

c) *El concepto de género va ganando en extensión y profundidad*

El concepto de género está asentado. En los años siguientes a 1960 gana, sobre todo, en extensión. Figuras muy relevantes se emplean en este quehacer.

a) Betty Friedan, en *La mística de la feminidad*, de 1963[14], propugna la participación de la mujer en las tareas y responsabilidades sociales. Percibe en muchas mujeres relegadas al hogar un malestar que se traduce en trastornos psicosomáticos (estados depresivos, «síndrome de la fatiga crónica», alcoholismo) al tiempo que ellas se culpan por no resignarse a «su tarea». Este malestar se debía, según ella, a una frustración: la mujer confinada en el hogar reprimía dimensiones y apetencias importantes de su personalidad. Ansiaba, aun sin saberlo, participar en la vida laboral, económica, cultural y política.

A fin de responder a esta notable carencia, en 1966 Friedan organiza en EE. UU. un movimiento de mujeres denominado NOW, que llegó a contar con quinientas mil afi-

---

[12] J.-F. BRAUNSTEIN, *op. cit.*, 34.
[13] *Ibid.*, 36-39.
[14] B. FRIEDAN, *La mística de la feminidad*, Sagitario, Barcelona 1965.

liadas. Para este grupo el problema real era la desigualdad, no la explotación de los varones. Estos eran admitidos en sus actividades. Pero pronto percibieron que los hombres tomaban las riendas, mientras que «las mujeres preparaban el café y copiaban a máquina los discursos de los hombres». Muy pronto este feminismo resultó blando a las más inquietas y preparadas.

b) Nace así el *feminismo radical*. Su figura señera es Kate Millett, cuya obra principal se titula *Política sexual*. Esta mujer fue reconocida como la figura más eminente después de Simone de Beauvoir. Extendió el área del género a la relación conyugal. El matrimonio es una relación de poder en la que, incluso mediante el afecto, el hombre sojuzga a la mujer. Su expresión «Lo sexual es político», es decir, un espacio donde se ejerce el poder, hizo fortuna. «El dominio sexual [del varón sobre la mujer] es tal vez la ideología más arraigada en nuestra cultura». Es una de sus afirmaciones. Para deshacerlo, propone sustituir el matrimonio «por una asociación voluntaria de hombre y mujer, siempre y cuando fuera deseada»[15].

Pero la aportación capital de K. Millett[16] es el concepto de *patriarcado*, que, junto con el de género, constituyó durante mucho tiempo el nervio teórico indiscutible del feminismo. Para ella, la raíz fontal de la opresión del hombre sobre la mujer estriba en el patriarcado. Es algo más profundo que el sistema capitalista opresor. De él se deriva el abuso masculino de construir para la mujer un género indigno de ella. No hemos encontrado en su obra una definición explícita y completa del concepto, aunque alude a él con mucha insistencia. Podemos recogerlo de otra autora. «En términos

---

[15] K. Millett, *Política sexual*, Cátedra, Madrid 2017, 121.
[16] *Ibid.*, 69.

generales el patriarcado puede definirse como un sistema de relaciones sociales sexo-políticas basadas en diferentes instituciones públicas y privadas y en la solidaridad interclases e intragénero instaurado por los varones, quienes como grupo social y en forma individual y colectiva oprimen a las mujeres, también en forma individual y colectiva, y se apropian de su fuerza productiva y reproductiva, de sus cuerpos y sus productos, ya sea con medios pacíficos o mediante el uso de la violencia. Los estudios feministas sobre el patriarcado, y la constatación de que se trata de una construcción histórica y social, señalan las posibilidades de cambiarlo por un modelo social justo e igualitario»[17]. La guerra entre los sexos está declarada.

Muchos sociólogos sostienen hoy que el patriarcado pertenece al pasado, mientras que la teoría feminista recalca que sigue aún vigente en una multitud de signos (trabajos precarios, salarios más bajos, maltrato en el hogar, escaso respeto de «los derechos reproductivos»[18] de la mujer).

El matrimonio patriarcal ha de ser sustituido por la unión libre del hombre y de la mujer. La libertad reproductiva justifica el aborto y la esterilización. Las relaciones igualitarias entre el varón y la mujer permiten a estas todas las «libertades» que los hombres se toman, entre ellas el adulterio. Lesbianismo y homosexualidad entran en el elenco de estas libertades. La maternidad y su carácter madurador y gratificante son subestimados o ignorados en contraste con la vocación social de la mujer. La inserción en el hogar es vista

---

[17] M. Fontenla, «Qué es el patriarcado» (artículo publicado en el *Diccionario de estudios de género y feminismos*, Biblos 2008), en https://www.mujeresenred.net/spip.php?article1396 [consultado el 6 de noviembre de 2023].

[18] Anticoncepción, aborto, esterilización.

como un obstáculo en el despliegue de sus capacidades y quehaceres sociales.

Curiosamente, a partir del predominio del feminismo radical, sobre todo en la década de 1970, el movimiento *se refracta* en una multitud de ramas autónomas. El igualitarismo y antijerarquismo del movimiento feminista es aplicado también con rigor al mundo de las mujeres. Esta opción acabó eliminando a las líderes naturales. «Ninguna mujer está por encima de ninguna otra». Era su axioma. «Padecieron la tiranía de la falta de estructuras» (Freeman). Surgen así diversos movimientos. Desde este momento es obligado hablar de «feminismos», no de feminismo.

2
Sexo y género a partir de finales del siglo XX (2.ª fase)

Si he de aludir sobriamente a alguno de estos movimientos refractados, habría de señalar los modelos que son relevantes por su relación con el binomio sexo-género.

1. El feminismo de la diferencia

Uno de ellos es el *feminismo de la diferencia* en una doble modalidad. Las mujeres proletarias del mundo subdesarrollado no se sentían definidas en el concepto de la mujer burguesa hasta entonces prevalente. Su opresión y sus reivindicaciones eran y son diferentes.

La segunda modalidad, surgida en Francia y extendida a Italia[1], se opone al *feminismo de la igualdad* que toma como referencia a los hombres. «No hemos de ser iguales *a* los hombres, sino que hemos de establecer la igualdad *entre* hombres y mujeres, siendo plenamente mujeres. Sobre todo, hemos de recalcar nuestra diferencia con ellos,

---

[1]   Cf. S. DE LEÓN, *Marcar las diferencias. Discursos feministas ante un nuevo siglo*, Icaria, Barcelona 2002.

que es esencial». Diríamos que para este movimiento la humanidad se divide en dos modelos sustancialmente distintos: el hombre y la mujer. Las mujeres, en vez de obsesionarse por ser iguales a los hombres, han de crear su propio mundo y su propia cultura. Para ello han de contar con escuelas propias, partidos propios, parlamentos separados. Han de crear cine, literatura, música, artes plásticas genuinamente femeninas. La valoración del lesbianismo sube enteros en esta corriente. Sus figuras relevantes son la psicoanalista belga L. Irigaray[2] en Francia y L. Muraro[3] en Italia (Milán).

2. El feminismo institucional: su origen y transformación

Junto al «feminismo de la diferencia» es preciso subrayar asimismo el llamado «*feminismo institucional*». Hasta ahora el feminismo se había mostrado distante y desconfiado respecto de las instituciones, sobre todo políticas. En el año 1975, declarado Año Internacional de la Mujer, se celebra en Ciudad de México la primera Conferencia de la ONU sobre la Mujer. Allí se abre el diálogo internacional sobre la paridad de los géneros masculino y femenino. En 1980 se trató en Copenhague de la eliminación de todas las formas de discriminación de la mujer. En 1985 en Nairobi se sostuvo que la participación de las mujeres en la gestión y decisión de todas las cuestiones humanas era derecho legítimo y, por ello, exigencia social y política. Todas las instituciones debían promover esta participación.

---

[2] *Speculum. Espéculo de la otra mujer*, 1974.
[3] «Sobre la autoridad femenina», en F. Birulés (ed.), *Filosofía y género. Identidades femeninas*, Pamiela, Pamplona 1992, 53-63.

El «salto cualitativo» se dio en la Conferencia de Pekín de 1995. *El concepto de mujer es desplazado del primer plano de la atención y subsumido en el concepto de «género».* Todas las estructuras de la sociedad y todas las relaciones entre hombres y mujeres dentro de aquellas tenían que ser reevaluadas a la luz del concepto de género. Solo así se potenciaría realmente el papel de la mujer. La igualdad entre los géneros era una cuestión de interés universal y beneficiosa para todos.

Hubo feministas que se alarmaron ante este desplazamiento de la mujer. Les parecía que no era reconocida como el sujeto reivindicativo fundamental y era suplida por un término todavía ambiguo. La «Declaración y Plataforma de Acción» surgida en la Conferencia quiso disipar estas y otras reticencias. Su posición fue adoptada por los Gobiernos nacionales, que se comprometieron a incluir la noción de género en todas sus instituciones y decisiones políticas. La ONU se dotó asimismo de un organismo (UN Women) cuyo objetivo era favorecer que las preocupaciones y experiencias de las mujeres formaran parte de la elaboración y control de todos los programas nacionales en los ámbitos político, económico y social.

Ante las sospechas sobre el significado concreto de la palabra *género*, central en la Conferencia, la antedicha Declaración y Plataforma asegura que el término en cuestión se «utiliza en su significación ordinaria, generalmente aceptada» (género masculino y género femenino). El Estatuto de la Corte Penal Internacional es aún más explícito: «El término "género" se refiere a los dos sexos, masculino y femenino [...] No tendrán más acepción que la que antecede». No existe, pues, ambigüedad sobre el uso del término en los documentos de la ONU de estos años. Tampoco en los documentos contemporáneos del Consejo de Europa. El término *género* significa «género masculino y género femenino». No hay alusión alguna a géneros intermedios o diferentes. Así lo reconocen L. Palazzani[4] y A. Fumagalli[5].

Pero, al mismo tiempo, los «estudios de género» y el movimiento *queer* estaban extendiendo en la sociedad una significación más lata de este término clave. Entre el «género hombre» y el «género mujer» se situaban con el mismo rango *otros géneros* intermedios o ajenos al hombre y a la mujer. Todos ellos acreedores a una *equivalencia plena* con los dos géneros antecedentes. Las leyes que van dictándose en algunos países (entre ellos España) no se limitan a condenar la discriminación entre los dos géneros, sino que propugnan también la *paridad de derechos* de los grupos que componen «la diversidad sexual» (homosexuales, transexuales, transgénero, etc.) con el grupo de hombres y mujeres heterosexuales. Nacen así leyes sobre uniones de hecho, matrimonios homosexuales, adopción de hijos, cambios de sexo (transexuales) y cambios de género (transgénero). En suma, la legislación asume, al menos en parte, la concepción de género propugnada por el movimiento *queer*[6], que expondremos más adelante.

Esta irrupción convierte el *debate* entre los dos grandes grupos con opciones diferentes en una *cruda confrontación*. Un punto clave es la sutil distinción entre no discriminación (derecho humano que todos han de respetar) y equiparación (que unos defienden y otros rechazan). El otro punto de confrontación es la valoración o desestima del cuer-

---

[4] L. Palazzani, *Sex/gender. Gli equivoci dell'uguaglianza*, Giappichelli, Torino 2011, 141-173.

[5] A. Fumagalli, *op. cit.*, 47-48.

[6] Al menos los textos legales solo autorizan cambios del masculino al femenino o viceversa. No «de cualquier género a cualquier otro género».

po sexuado como uno de los elementos constitutivos de la identidad. Para unos es simplemente una realidad flexible e irrelevante. No tiene ningún efecto ni influencia en la condición masculina o femenina, que es pura construcción social u opción individual. Para otros, el cuerpo sexuado (macho o hembra) es una dimensión *previa* a toda posible construcción social o individual y componente necesario de la identidad psicológica y social del sujeto humano.

En sintonía con la nueva concepción de género, varios Estados inscriben en el registro civil a las personas recién nacidas como pertenecientes al género neutro. Eliminan de sus leyes los términos *paternidad* y *maternidad*, sustituyéndolos por vocablos sexualmente neutros (ni masculinos ni femeninos).

3. Fin de siglo: novedades importantes

Abre camino la (pos)feminista Anne Fausto-Sterling, historiadora de la biología y crítica con J. Money porque este, al tratar a sus pacientes intersexuales y transexuales, les convierte únicamente en hombres o en mujeres. En otras palabras, adopta, al menos implícitamente, el criterio binario: hay solo dos sexos: varón y mujer. Los pacientes no tenían más remedio que transformarse en chico o chica[7]. Los estados intersexuales son tratados por él, en la práctica, como anomalías.

Es este, para nuestra autora, su error. La diversidad existente entre los intersexuales es para ella razón suficiente para afirmar que hay, *al menos, cinco sexos*[8]. A los ejemplares

---

[7] Cf. A. Fausto-Sterling, *Cuerpos sexuados. La política de género y la construcción de la sexualidad*, Melusina, Barcelona 2006.

[8] A. Fausto-Sterling, «The five sexes: Why male and female are not enough»: *The Sciences* 33, 2 (marzo-abril 1993), 20-24.

macho y *hembra* añade los *herms* (nacidos con testículos y ovarios), los *merms* (nacidos con testículos y algunos rasgos fragmentarios de la anatomía femenina) y los *ferms* (nacidos con ovario y algunos rasgos deficitarios del aparato genital masculino).

En realidad, para ella, estos cinco sexos no son los únicos. Entre el macho y la hembra hay un *continuum* innumerable de sexos intermedios. *El sistema binario es, pues, una construcción cultural.* No solo el género es producto de la cultura. También la distribución binaria de los sexos. La biología la sigue manteniendo. Ella se rebela contra esta creencia y la califica como «patriarcal y androcéntrica». Un *1 % de los nacidos son, según ella, «intersexos»*, como ella los denomina. *La sociedad construye la biología; la biología construye el género* es el título de uno de sus trabajos, publicado en 1987. Es más, todas las distinciones binarias, «paciente y médico; padre e hijo; macho y hembra; homosexual y heterosexual... y muchas más han de ser disueltas»[9]. Espera y desea que esa distinción se llevará a cabo, aunque no sin dificultades. «En mi utopía los problemas médicos mayores de un intersexo serán las patologías potencialmente letales que acompañan a veces al desarrollo intersexo». A. Fausto-Sterling cita entre estos problemas médicos «las disfunciones de las glándulas suprarrenales, el cáncer y algunas hernias»[10]. Con un centímetro cúbico de medicamentos se curan todos los sufrimientos.

El (pos)feminismo[11] acoge con entusiasmo esta crítica a la biología. «La biología nos ninguna. Como es patriarcal,

---

[9]   *Ibid.*, 24.

[10]   *Ibidem.*

[11]   Lo titulo así porque para muchas feministas esta teoría desborda el feminismo auténtico, pero Sterling y otras siguen considerándose y presentándose como feministas y bastantes entre estas acogen sus nuevas teorías.

se ha confabulado con el androcentrismo y la heterosexualidad, dos enfermedades de las que hay que curarla», escribirá una de sus representantes. Está ya a punto de ser formulada una gran fluidez entre los sexos.

4.   La teoría y el movimiento *queer*

Las tesis de A. Fausto-Sterling abren, a partir de 1985, las puertas a la teoría y movimiento *queer*. Nace de un conjunto de personas que no se sentían retratadas ni representadas por las categorías *homosexual, bisexual, transexual*, etc., por parecerles excesivamente rígidas conceptualmente. Adoptan el apelativo *queer* («raro», «extraño») porque para ellas nada es «natural». Todas las identidades sexuales son «anómalas», es decir, «construidas».

Esta corriente comienza ejerciendo una severa crítica a las posiciones anteriores del feminismo. Se niega la calificación del patriarcado como algo que haya sido sufrido por todas las mujeres. No es, ni mucho menos, universal. Su concepción del género será criticada y *profundamente transformada*. Ha sido elaborada por mujeres blancas de clase media. No ha tenido en cuenta ni la diversidad de clases y de razas ni la de sexualidades diferentes de la sexualidad «normativa» de carácter heterosexual. Rechaza con fuerza el binarismo reinante, que mantiene la existencia de dos sexos y dos géneros. Defiende la igual legitimidad de todas las diversas formas de ejercer la sexualidad[12]

---

[12]   Ya les había abierto esta puerta el Dr. Money. Para él no hay nada que sea normal ni patológico en el sexo; ni el sadomasoquismo, ni la necrofilia, ni tener relaciones con un animal, ni la amputomanía (tendencia a amputarse un dedo o un brazo o una pierna sanos), ni la pedofilia, ni el incesto, ni la pornografía infantil. Todos estos comportamientos son

(incluidos el incesto y la pederastia). «Su inspiración es más bien libertaria»[13]. La sexualidad «no es un helado de dos colores» (J. Money).

Dos son las principales transformaciones introducidas en el concepto de género profesado con inmediata anterioridad. En primer lugar, quien define y elige el género de manera determinante en último término no es la sociedad ni la cultura, sino *el individuo*. Es este el que libremente escoge, entre la inmensa variedad de géneros, el género deseado. En segundo lugar, cada individuo puede *cambiar de género* según su querencia. Puede optar por ser hombre ahora, mujer después, o por cualquier forma intermedia o diferente del hombre y la mujer. Si hasta ahora la palabra clave ha sido la *igualdad*, ahora es esta otra: *libertad*. El movimiento *queer* quiere agrupar a todos aquellos que viven su sexualidad de una manera diferente de la heterosexual. Es disidente respecto a este modelo.

a)   *Judith Butler*

El movimiento *queer* va elaborando progresivamente su propia teoría a través de los «estudios de género» correspondientes. La figura estelar en estos estudios es Judith Butler, profesora en la Universidad de Berkeley. Su obra principal, *El género en disputa*[14], formula su tesis: «El género no ha de interpretarse como una identidad estable, un lugar donde se asiente la capacidad de acción y de donde

---

conductas culturales. Una actitud prohibitiva los favorece. Una actitud permisiva les hace desaparecer. Son «parafilias», no «perversiones».

[13]   H. Legrand e Y. Raison du Cleuziou (dirs.), *Penser avec le genre. Sociétés, corps, christianisme*, Lethielleux-Artège, Paris 2016, 12.

[14]   J. Butler, *El género en disputa. El feminismo y la subversión de la identidad*, Barcelona 2007.

resulten diversos actos, sino más bien como una identidad débilmente constituida en el tiempo [...] mediante una repetición estilizada de actos». La variabilidad del género es amplísima. «Nada nos autoriza a pensar que los géneros deberían limitarse al número de dos». Hay una infinidad de géneros por los cuales el individuo puede transitar con toda fluidez. El género es algo «performativo», es decir, producido por la repetición de actos realizados en la misma dirección. Pero esta repetición (o «iteración») no le confiere consistencia. Se puede cambiar de género. Llegados a este punto, el tratamiento médico de la transexualidad, que funciona con la convicción de que existen dos géneros y dos sexos, además de doloroso y costoso, es equivocado y anacrónico. No han desligado totalmente sexo y género, puesto que, para cambiar de género, recurren a una operación sobre el sexo del individuo transexual.

El género tiene que estar *totalmente desligado* de la anatomía sexual. En consecuencia, según el pensamiento de la autora, es mucho más procedente ser *transgénero* que transexual. Sin ninguna modificación de los órganos sexuales, cada cual elige aquel género con el que se siente identificado en cada fase o época de su existencia. Porque lo que de veras cuenta es la consciencia individual, el sentimiento de ser lo uno o lo otro o lo de más allá. El cuerpo es simplemente el soporte de los placeres producidos por las múltiples y variadas relaciones que caben en esta multiplicidad de géneros.

En sintonía con esta concepción del género múltiple y variable, cualesquier relaciones sexuales, en todas sus formas hasta ahora consideradas aberrantes, tienen la misma entidad. Ni la relación heterosexual es natural, sino producto de la cultura. Todas las demás relaciones posibles tienen el mismo rango. Ninguna está determinada ni siquiera influida por el cuerpo.

Precisamente *del cuerpo* tratará también J. Butler en otro libro denominado *Cuerpos que importan*[15]. El género no solo prevalece sobre el sexo, como ya indicaba J. Money. Es también el que dicta el comportamiento sexual. Y como el género ha estado sojuzgado bajo el dominio de los intereses varoniles, también el comportamiento sexual que depende de él ha sido víctima de esos mismos intereses. Con un lenguaje que resulta muchas veces complicado y sofisticado, Butler afirma: «Los hechos presuntamente naturales del sexo que pretende imponernos la biología están de hecho al servicio de los intereses sociales». Al ser el género tan cambiante, el comportamiento sexual que de él depende lo será igualmente. En contadas ocasiones concede la autora al cuerpo y al sexo cierta consistencia.

A continuación añadirá que cuerpo y sexo están modificados, influidos y determinados por intereses de la cultura dominante. El sexo anatómico con sus inclinaciones no es para Butler un hecho consistente, sino algo creado «por el discurso» (pensamiento) hegemónico, dictado por la cultura predominante. El sexo no existe como entidad consistente, autónoma, previa al discurso sobre él, elaborado por la cultura hegemónica. Está modelado por la palabra («el discurso dominante») y por el poder varonil, que lo ha modificado notablemente[16]. La autora aboga por una libertad de los individuos, que han de abandonar los surcos impuestos y dejar fluir su vida sexual por la vía del género escogido en cada momento o fase del vivir.

La negación de la consistencia del sexo como algo previo a cualquier relación sexual no es el último paso de la ilustre

---

[15] J. BUTLER, *Cuerpos que importan*, Paidós Ibérica, Barcelona 2007.
[16] Este pensamiento, tomado de M. Foucault, se comprenderá mejor cuando formulemos el de este autor (págs. 81-82).

catedrática y maestra admirada por una porción del feminismo y por un público entregado. No solo el sexo y el comportamiento sexual son inconsistentes y dependientes del género escogido. También lo es *todo el cuerpo*. Depende del discurso humano dominante impuesto por el poder. Él lo ha ido configurando «en profundidad, desde la estructura ósea hasta los circuitos neuronales y la actividad de los propios genes». El cuerpo que hemos heredado después de siglos de vigencia de la cultura hegemónica está enteramente construido por ella. No es natural. Las actuales operaciones quirúrgicas que cambian el sexo o transforman cualquier parte del cuerpo (por ejemplo, la «cirugía estética») estarían indicando que no existe una naturaleza corpórea consistente que se resiste al cambio, sino una materia plástica susceptible de ser profundamente transformada a voluntad, en función de los deseos del sujeto.

Es impresionante la fuerza transformadora que Butler atribuye «al discurso predominante» y a «los poderes que formulan este discurso sesgado por el interés». Para ella solo tiene entidad la consciencia, no el cuerpo. Para sostener esta tesis recurre a Aristóteles, a Hegel y a Foucault. Otra cosa es la pertinencia de estos recursos.

El feminismo de *Butler* es «un feminisme *sans femme*»[17].

b) *Donna Haraway*

¿Puede ir todavía más allá la reflexión *queer* sobre «género y sexo»? Sí. A ello se atreve Donna Haraway en su obra *Manifiesto cíborg*[18] [*A Cyborg Manifesto*] y otros escritos. La últi-

---

[17] Y.-Ch. Zarka, «Un féminisme sans femme»: *Cités* 44, 4 (2010), 3-6.

[18] D. Haraway, *Manifiesto cíborg*, en xenero.webs.uvigo.es/profesorado/beatriz_suarez/ciborg.pdf (consultado el 13 de noviembre de 2023).

ma frase de este escrito dice así: «Prefiero ser un cíborg antes que una diosa». Su entusiasmo por el ser humano en su condición actual no es precisamente desbordante. «Por extraño que parezca [...] el hombre es solo una invención reciente, una figura que no tiene ni dos siglos, un simple pliegue en nuestro saber y desaparecerá en cuanto encuentre una nueva forma»[19]. Es muy reputada por sus trabajos sobre los cíborgs[20] y el (pos)feminismo. Su utopía es «el hombre cíborg», un combinado de organismo humano y de miles de procesadores electrónicos que perfeccionen todas las capacidades humanas. Ella lo describe como «un organismo cibernético, un híbrido de máquina y organismo, una criatura de realidad social y utópica». Como otros partidarios de este ser, mitad orgánico y mitad producto de la ingeniería humana, piensa que este ser humano del futuro será mucho más perfecto que el ser humano actual. Este último es «hijo del devenir evolutivo» que procede a tientas con todos sus avatares e imperfecciones, mientras que aquel, fabricado por el ingenio humano, operará con mucha mayor precisión y exactitud. Organismo y procesadores forman un solo ser. No hay distinción de envergadura entre sus dos dimensiones (orgánica y técnica). La barrera entre lo natural y lo artificial desaparece. Con el cíborg, la maternidad y la paternidad se evaporan. Los nuevos seres no serán fruto de la unión sexual, sino de la cibernética.

Esto es lo que más interesa a la admirada profesora: *borrar las diferencias*. Este borrado se extiende también a la distancia existente entre los humanos y los animales. Es es-

---

[19] D. HARAWAY, *Ciencia, cyborgs y mujeres. La reinvención de la naturaleza*, Cátedra, Madrid 1995. En realidad, el texto pertenece a M. FOUCAULT, *Las palabras y las cosas*, Planeta-De Agostini, Barcelona 1984, 8-9.

[20] El término *cíborg* procede del inglés *cyborg*, acrónimo de dos palabras, *cybernetic organism*, en el que se integran biología y tecnología.

túpido hablar de que somos especies diferentes. No lo son ella y su perra (a la que llama «la señorita Cayenne Pepper»), con la cual mantiene una relación erótico-sexual de tipo oral que describe ampliamente con un grafismo insólito en dos de sus obras[21]. Lo hace para afirmar provocativa y gráficamente la inexistencia de una diferencia específica del ser humano y el animal. El animal no es para ella objeto de observación; es un compañero de su vida íntima.

No solo determinados animales, sino todos, incluso los microbios. No hay tampoco distinción entre especies de animales y vegetales. Distinguirlos es «locura clasificatoria». «Es mi familia "queer" de feministas, antirracistas, sabios, investigadores, ratones de laboratorio... escritores, moléculas y simios a la vez vivos y disecados». También los vegetales y animales: «El arroz, la abeja, los tulipanes, la flora intestinal y todo aquel otro ser orgánico del que proviene la existencia humana»[22]. La relación igualitaria, sin topes, es su utopía de futuro: la confusión de todos los seres vivos en un magma indiferenciado. «Es la total disolución del sujeto, del cuerpo, de la identidad»[23].

Pero esta utopía choca contra una barrera. Dentro de la biología existe una disciplina: la inmunología, que sostiene que las diversas especies que ella conoce (ni siquiera los individuos de la misma especie) no pueden mezclarse a su antojo. Si dos individuos son incompatibles desde el punto de vista inmunológico, no se puede implantar un órgano de uno

---

[21] D. HARAWAY, «¿Cómo podría yo resistirme a sus besos húmedos?», en *Manifiesto de las especies de compañía. Perros, personas y la alteridad significativa*, Sans Soleil, Vitoria 2016.

[22] *The Haraway Reader*, Routledge, London 2004.

[23] M. CHIODI, «Identità sessuale: Questioni antropologiche e teologiche»: *Archivio Teologico Torinese* nro. 1 (2016), 51-74. Maurizio Chiodi es profesor de la Facultad Teológica del Norte de Italia (Milán).

de ellos en otro sin exponerse a potentes reacciones inmunitarias que necesitan de agresivos tratamientos inmunodepresores. La inmunología se opone al proyecto de Haraway de borrar las fronteras entre los seres diferentes.

Decepcionada por la biología clásica que mantiene sólidamente la inmunidad, Haraway descalifica esta biología vigente como ciencia «virilista» y «misógina», al igual que todas las ciencias actuales, que son ciencias «situadas», sesgadas por el predominio de los hombres. Para ella toda definición es «esencialista» y los seres no son esencias, sino historias. Incluso las cosas son «historias congeladas».

* * *

Al final de todo el recorrido encontramos una mentalidad que profesa que el ser humano, al nacer, es sexualmente neutro. Se va haciendo a sí mismo y eligiendo lo que quiere ser[24].

En el fondo, asistimos a una toma de posición radical en el debate de la *relación entre naturaleza y cultura*. Así pues, no existe en el ser humano una naturaleza sexual originaria, previa a la influencia de la cultura, como se ha creído durante siglos y siglos. Es esta la que ha modelado la identidad humana. En esta identidad la diferencia de sexos no tiene ningún relieve. Tampoco la influencia de la cultura es lo más decisivo. Lo que realmente importa es lo que el sujeto quiere ser. Siempre abierto a poder cambiar de identidad entre un gran abanico de posibilidades. Los avances espectaculares de la ciencia aplicada a la técnica propician y prometen transformaciones inauditas del cuerpo humano, que puede

---

[24] La anécdota verídica de una mujer embarazada a la que preguntan si «va a ser niño o niña» la criatura de sus entrañas es sumamente clarificadora: «Será lo que elija a su debido tiempo».

ser configurado en realizaciones diferentes de la masculina o la femenina. La corriente poshumanista contempla la idea del cíborg, un organismo compuesto de biología y tecnología. El cíborg puede hacer desaparecer la configuración masculina y femenina del ser humano y proveer nuevos seres humanos neutros por una vía diferente de la unión sexual de los gametos masculino y femenino.

Con claridad y grafismo se ha descrito acertadamente esta mentalidad: «La identidad [humana] no la determina la constitución corporal, ni tampoco la sociedad y la cultura, sino que es decisión exclusiva de cada individuo y su libertad [...]. Tener pene o vagina, ovario o testículos no tiene *nada que ver* con el ser hombre o mujer [...]. [Los órganos sexuales] son un puro juguete para jugar a lo que se quiera [...] Sirven *solo* para disfrutar de ellos como se quiera, pero no para la reproducción»[25].

En 2009, Raewyn Connell, en una obra notable[26], ha reaccionado en parte contra esta extrema devaluación del cuerpo sexuado y ha reivindicado el papel activo del cuerpo en la gestación del género. «Las prácticas sociales y el cuerpo serían interactivos. De esta interactividad brotaría en el ser humano un género que dentro de un marco más extendido y duradero sería propio de cada uno, aunque variable a causa de esa continua interacción».

Más recientemente (2021), É. Roudinesco, directora de Investigaciones de la Universidad de París VII, sostiene que el recorrido inicialmente innovador de los estudios sobre la

---

[25] J. I. GONZÁLEZ FAUS, *Reconstruir las grandes palabras*, Mensajero, Bilbao 2018, 109.

[26] *Gender*, Polity Press, Cambridge 2009. Cf. una exposición más amplia del contenido de este libro («texto de obligada lectura») en A. FUMAGALLI, *op. cit.*, 35-37.

distinción entre género y sexo se ha trocado lamentablemente en su contrario en unos pocos decenios. Las palabras finales de la autora son contundentes: «Así se pasa, sin darse cuenta siquiera, de la civilización a la barbarie, de lo trágico a lo cómico, de la inteligencia a la estupidez, de la vida a la nada y de una crítica legítima de las normalidades sociales a la implantación de un sistema totalizante»[27].

La misma reacción parece asomar también en otros ámbitos. Un grupo de cincuenta y seis federaciones de feministas[28], en una reciente declaración, rechaza el construccionismo extremo («Todo es construcción») y recupera el cuerpo como un elemento fundamental y originario en toda relación sexual. Se aleja asimismo del neoindividualismo *queer*, que olvida que el ser humano es esencialmente *una persona*, es decir, un individuo en *relación*. Este neoindividualismo orilla a la mujer como promotora de su liberación.

Comentando el libro de Braunstein *La filosofía se ha vuelto loca*, F. Savater escribe: «Este excelente libro explora tres dislates del pensamiento actual, peligrosamente populares». Uno de ellos es el relativo a las posiciones extremas del género. «La filosofía se presta a la genialidad, pero también a los desvaríos. La malo es cuando en una época se confunden ambas cosas». Es decir: se toman los desvaríos como genialidades.

* * *

---

[27] É. Roudinesco, *El yo soberano. Ensayo sobre las derivas identitarias* [título orig. fr.: *Soi-même comme un roi. Essai sur les dérives identitaires*], Debate, Barcelona 2023, 58.

[28] Cf. F. Vidal Fernández, «Feminismo postconstruccionista»: *Vida Nueva* nro. 3202 (febrero 2021), 7.

La multiplicidad de feminismos existentes en la actualidad torna imposible para nosotros calibrar el contenido y la vigencia del concepto de género en cada uno de ellos. Pero existen grupos importantes de feministas para quienes los conceptos densos y más genuinos de género y patriarcado (no los de los posfeministas) son muy destacados. Estos grupos están muy implicados en la lucha contra la violencia machista y sexista que comete agresiones sexuales y violaciones e incluso asesinatos contra las parejas y exparejas. A estas brutalidades las denominan «violencia de género» porque estiman que son infligidas a las mujeres «por ser mujeres»[29].

Junto a esta bestialidad, estos grupos y otros son, entre nosotros, muy sensibles a la creciente prostitución organizada por mafias explotadoras y al extraordinario auge del «turismo sexual». También al negocio con los «vientres de alquiler» y la pornografía. Denuncian asimismo enérgicamente la desigual retribución de las mujeres respecto a la de los hombres por igual trabajo[30] y el «techo de cristal» que no pueden traspasar las mujeres en su promoción profesional.

Se muestran, al mismo tiempo, partidarias de no modificar a la baja la ley del aborto, al que denominan con el eufemismo de «interrupción voluntaria del embarazo». Para ellas el fruto de su vientre pertenece a su cuerpo. «Interrupción voluntaria del embarazo» y «derechos sexuales y reproductivos» son dos puntos intangibles. Sostienen que la maternidad recorta notablemente su libertad sexual y aminora sen-

---

[29] H. LEGRAND: «Una mujer muere cada tres días en Francia bajo los golpes de su pareja, en todos los niveles culturales. Setecientas mil son violadas a lo largo del año» (*Penser avec le genre, op. cit.*, 277).

[30] En ningún país del mundo se ha logrado igual salario por igual trabajo.

siblemente su participación en la vida social. Tienden, por ello, a subordinarla al logro de estos objetivos.

El feminismo más conocido entre nosotros es el de la *paridad*. Alberga una gran riqueza. Con todo, si no se comprende correctamente, corre el riesgo de una desmedida referencia al varón: se tendería a ser igual *al varón*. Este riesgo puede traducirse en cierta masculinización, que oculta algunos valores específicos femeninos. ¿No se está corriendo este riesgo en el ámbito de las relaciones sexuales entre muchachos y muchachas y en el del deporte?[31].

---

[31] Paulo Freire dejó escrito, con mucha razón, que el oprimido lleva inevitablemente introyectado, como su ideal humano, al opresor; no conoce otro modelo.

PARTE EXPLICATIVA

3
Movimientos sociales y avances científicos

Si el nacimiento y desarrollo de las teorías de género se debe primordialmente al feminismo, este fenómeno social no es el único responsable de su surgimiento ni de su poderío. Otros factores aportarán su colaboración notable. Tal vez hoy el más determinante es el movimiento homosexual masculino, desde el interior de LGTB.

1. El movimiento LGTB

Existe una «complicidad» entre algunos feminismos más recientes y LGTB. Unos y otro sostienen una triple reivindicación común.

Por un lado, contestan la hegemonía social y cultural del varón heterosexual, que perjudica a quienes no se reconocen en el género en el que han sido educados y a los que difieren en la orientación heterosexual. Por otro lado, exigen que todos los grupos que no se califican a sí mismos ni como varones ni como mujeres ni como heterosexuales tengan iguales oportunidades sociales e igual reconocimiento jurídico que estos últimos. Coinciden asimismo en negar que el matrimonio tradicional sea el único auténtico y legítimo: ni la diferencia de sexos ni la generación y crianza de hijos son elementos esenciales de una familia. El matrimonio clásico y su prole son simplemente *una forma* de matrimonio y familia.

El hecho de que relevantes teóricas del feminismo reciente sean lesbianas o transgénero favorece los contactos entre ambos movimientos. No forman, sin embargo, una única asociación. Las feministas no pertenecen al movimiento LGTB, a pesar de sus coincidencias.

a)   *La gestación del movimiento LGTB*

Hasta la «revolución sexual» de la década de 1960 (cuyo acontecimiento emblemático es la rebelión de los universitarios franceses de mayo del 68), las minorías sexuales que no se atenían a la praxis tradicional eran menospreciadas, cuando no perseguidas. A partir de aquí, hombres y mujeres homosexuales comenzaron (no sin tensiones) a asociarse. La sigla originaria es, pues, *LG* (lesbianas y gais). Esta asociación resultó insuficiente. Se agregaron primero los bisexuales (*B*). Posteriormente se incorporaron los trans (transexuales y transgénero). En los últimos decenios fueron adscritos todos aquellos que profesaban una sexualidad irregular respecto al canon binario y heterosexual predominante. Así, pasaron a formar parte de la asociación los asexuales (*A*), aquellos de escasa o nula tendencia sexual, los intersexuales (*I*) y los *queers* (*Q*). Para evitar una acumulación casi interminable de letras[1], se ha solido utilizar la fórmula *LGTB+*, hoy en desuso. El signo matemático (+) representaba a todas las nuevas

---

[1]   Un diputado del Parlamento regional de Brandemburgo, poco entusiasta de este movimiento, a la hora de utilizar en una sesión los dos minutos asignados para intervenir en una votación relativa a una ley sobre la diversidad de géneros consumió deliberadamente todo su

y futuras adscripciones (con disgusto de los representados por este signo).

Ha habido intentos de obviar esta «sopa de letras». Algunos propusieron, con escaso éxito, la sigla *GSM* (*Gender and Sexual Minorities*) o *GSD* (*Gender and Sexual Diversities*). Otros propusieron que la sigla *Q*, que literalmente significa «raro», «extraño», representara a toda la asociación. Tampoco cuajó. El uso común y los medios de comunicación social engloban en la sigla *LGTB* (o *LGBT*) a todos los grupos disidentes de la concepción y praxis tradicionales de sexo y género. Cada grupo mantiene su identidad particular y su programa propio y cuenta con el respeto, la solidaridad y el apoyo de la entera asociación.

No han faltado, con todo, debates y tensiones en el seno de la misma. El fenómeno trans es considerado como algo heterogéneo respecto de la homosexualidad. Gais y lesbianas no han ocultado su deseo de formar entre unos y otras un grupo aparte del resto. Existen también tensiones entre las lesbianas. Con todo, en los 90 los diversos grupos de la asociación determinaron solidificar su unión, respetarse mutuamente y practicar una solidaridad recíproca.

Hoy, el «movimiento LGTBIQ está compuesto por un grupo real hegemónico que es el gay; un colectivo minorizado, el de las lesbianas; otro invisible, el de las personas bisexuales; uno ambiguo, el de los intersexuales; y dos acep-

---

tiempo con la intervención siguiente: «Queridos homosexuales, queridas lesbianas, queridos andróginos, queridos bigénero, queridos transexuales masculinos, queridos transexuales femeninos, queridos de género fluido, queridos *queers*, queridos intersexuales, queridos géneros neutros, queridos asexuales...». Y así hasta sesenta. Provocó la carcajada de toda la concurrencia. No basta el alfabeto para designar las variedades sexuales porque no hay entre los humanos dos sexualidades enteramente idénticas. Es más sensato reservar la palabra *género* para muy pocas.

ciones, aunque minoritarias, simbólicamente vanguardistas: "trans" y "queer"»[2].

b) *Los logros de LGTB*

Los homosexuales masculinos son, según lo dicho, los principales responsables de los logros más relevantes. Comenzaron reclamando para sí mismos el derecho legal a vivir de acuerdo con su orientación sexual y a exigir que la sociedad los aceptase tal cual eran. En otras palabras, la no discriminación. Consiguieron lo primero en el mundo europeo y norteamericano. Van obteniendo progresivamente su aceptación por gran parte de la sociedad occidental. Como hemos indicado más arriba, la Asociación Americana de Psiquiatría (APA), referencia psiquiátrica mundial, excluyó la homosexualidad del catálogo de las patologías mentales en 1973. Posteriormente, en 1990, lo hizo la Organización Mundial de la Salud, dependiente de la ONU.

Al ir consolidándose su posición, exigieron para sí y para los grupos de su movimiento ser *equiparados* legalmente en el terreno del matrimonio y de la adopción. Hay aquí un deslizamiento que acaba identificando «no discriminación» con «equiparación jurídica y social». A. Fumagalli la califica como «confusione ingenua o subdola»[3], es decir, confusión ingenua o solapada. Tal equiparación se fundaba, según ellos, en la tesis de que la diferencia sexual de la pareja (hombre-mujer) es irrelevante. La pareja heterosexual es una de las modalidades existentes. El abanico de las familias es más amplio. El concepto «restrictivo» de la familia debía ensancharse.

---

[2]   J.-F. BRAUNSTEIN, *op. cit.*, 99-100.
[3]   En *La questione gender. Una sfida antropologica*, Queriniana, Brescia 2015, 50.

Con esta novedad queda alterado el meollo de lo que tradicionalmente han sido la paternidad y la maternidad. Secularmente este meollo había consistido en engendrar, criar y educar (por supuesto, con amor y entrega) a los hijos nacidos de un hombre y una mujer (la adopción era considerada como una emergencia excepcional). En la nueva concepción adoptada por LGTB, estos conceptos son más ambivalentes y fluidos. Un niño o una niña pueden tener un padre biológico y otro padre que los cría y educa, una madre biológica que cede su óvulo fecundado a una segunda que presta su vientre para gestarlo y una tercera que lo adopta, lo cría y lo educa. Lo que constituye el núcleo de la paternidad y la maternidad es *el vínculo afectivo* que se genera entre la pareja adoptante y el niño o niña adoptados. Este es el elemento que de veras importa. Lo decisivo no es que una pareja sea «genitor biológico», sino «genitor afectivo». Es indiferente que la pareja que recibe al niño esté constituida por dos padres o dos madres. Sería preferible sustituir los términos *padre* y *madre* por uno más neutro: *genitor*; *genitor gestante* en vez de *madre* y *genitor no gestante* en vez de *padre*.

En 2005 entra en vigor en España una ley que redefine la concepción de la institución del matrimonio convirtiéndola en una convivencia estable de dos personas del mismo o distinto sexo biológico, con la posibilidad de que la unión entre dichas parejas pueda ser disuelta unilateralmente por uno de sus miembros. En esta ley desaparecen los términos *marido*, *mujer*, *esposa*, *esposo*. Los componentes de las parejas son designados «cónyuge A» y «cónyuge B».

LGTB (sobre todo, el colectivo gay) ha realizado importantes aportaciones a una visión más justa y humana de la masculinidad[4] y ha cumplido y cumple una función de acogida y apoyo a muchas personas homosexuales, sobre todo jóvenes, que, rechazadas por la familia y por su entorno social, se encuentran en una soledad sumamente penosa, con la autoestima por los suelos y con proclividad a la depresión y la desesperación. Sienten alivio al sentirse acogidas en este movimiento. Se reducen sus tentaciones autodestructivas. Reciben servicios restauradores. El mismo servicio reciben personas que experimentan otras «diversidades sexuales». Con todo, es real el riesgo de que formen parte de un grupo endogámico que reduzca el trato saludable con otros grupos humanos y de que consideren su condición «diversa» como el núcleo de su personalidad. *Homosexual*, por ejemplo, puede pasar, para ellos, de ser adjetivo a ser sustantivo.

También la mentalidad trans se ha ido abriendo camino en la mentalidad social. Sobre todo, el *transgénero*. Las leyes que lo autorizan y defienden van siendo promulgadas. Las condiciones «restrictivas» de la legislación anterior van siendo anuladas: vivir, antes del cambio, una temporada como el género deseado; certificación médica o psicológica a favor del trámite esperado; autorización parental antes de la mayoría de edad. Hoy, por ejemplo, en España, la ley exime de estas condiciones a partir de los dieciséis años e incluso antes con ciertas condiciones. Basta pasar por el Registro Civil y demandar el cambio de género y sexo. Es incluso posible, pasados seis meses, una reversión al género anterior. Todavía es posible un tercer cambio mediante procedimiento judicial. Los postulados teóricos y prácticos de los *queers* han sido en parte incorporados a la legislación. Todo el movimiento LGTB apoya y promueve estas exigencias y conquistas.

---

[4]   J. GAFO, «Cristianismo y homosexualidad», en íd. (ed.), *La homosexualidad. Un debate abierto*, Desclée, Bilbao 1997, 189-222.

El número de *transexuales* verdaderos es muy reducido. Su sufrimiento es muy notable[5]. Su tratamiento médico es duro y a menudo pobre en acompañamiento psicológico y psiquiátrico. Las reivindicaciones de las personas transexuales han ayudado a tomar conciencia activa de su situación doliente.

c) *Los azares de LGTB*

No todo es logro y victoria. Todos los grupos componentes de la asociación (salvo, quizá, el *queer*) han sufrido menosprecio, marginación y abandono. Sobre todo, los homosexuales masculinos han sufrido durante siglos, hasta un pasado reciente, «una de las persecuciones más crueles de la historia»[6]. En Occidente, con el sambenito de la sodomía, han sido condenados a penas de tortura, exilio, prisión y pública humillación. Se les han atribuido desastres y desgracias sociales sin cuento. Han sido conceptuados como pervertidos y psicópatas y como especialmente inmorales. Esto ha sucedido durante siglos y en muchos lugares del orbe.

Al parecer, la persecución en Occidente fue menos dura en el tiempo del Imperio romano y durante la Alta Edad Media. La Iglesia no fue ajena a esta persecución, aunque, al hilo de estudios recientes, Boswell y J. de la Torre aseguran que no se puede sostener la afirmación de Westermann en virtud de la cual cuando el cristianismo se convirtió en religión del Imperio «comenzó una cruzada contra la homosexualidad». En el Imperio cristianizado hubo represión, pero no tan intensa y continua. Los emperadores romanos o bizantinos (entre

---

[5]   La novela *Las malas*, de Camila Sosa, describe maravillosamente este sufrimiento.

[6]   C. Domínguez Morano, «La homosexualidad en el sacerdocio y en la vida consagrada»: *Sal Terrae* 90, 1053 (2002), 135.

ellos Justiniano) dictaron cuatro edictos en doscientos años. Muchas penas no fueron aplicadas. Pero es cierto que la severa normativa de la Iglesia para sus fieles influyó en la civil y viceversa. Más aún: aunque no es históricamente riguroso atribuirle la única responsabilidad, «no puede negarse que la doctrina eclesial sobre la homosexualidad influye de forma muy considerable en el trato que la cultura occidental ha dado a los homosexuales. En una época histórica en que la Iglesia ejerció un influjo cultural tan dominante, no puede minimizarse exageradamente la responsabilidad eclesial»[7].

A partir del siglo XIII asistimos a un recrudecimiento de la persecución, que perdurará hasta el siglo XX. «Cada época ha marcado su énfasis en la denostación de la homosexualidad. Se resalta, bien su infecundidad, bien un perjuicio para la familia, bien una falta contra la fidelidad conyugal, bien un desorden contra la ley de la naturaleza creada por Dios, bien como un acto "contra naturam"»[8]. Este resumen de motivos, aducido por J. de la Torre, se vuelve estremecedor cuando el mismo autor recoge en un largo párrafo *los epítetos* que le ha ido propinando la tradición eclesial y secular. «Abrazo execrable, acto repugnante, acto pernicioso, violación de la sexualidad, depravación, causa de desgracias y castigos, vicio incomparable, el pecado sexual más grave, perturbador de la inteligencia, causa de locura, pecado mudo (no se le debe nombrar). Estos (y otros) improperios no denotan una escueta descalificación moral, sino que revelan miedos y temores vehiculados por una tradición secular

---

[7] J. GAFO, «Cristianismo y sexualidad: Luces y sombras de una interpretación histórica», en VV. AA., *Homosexualidad. Ciencia y conciencia*, Sal Terrae, Santander 1981, 122-123.

[8] J. DE LA TORRE, *Homosexualidades y cristianismo en el siglo XXI*, Dykinson, Madrid 2020, 111.

y una valoración suspicaz ante la misma sexualidad como algo tendente al descontrol y al placer desenfrenado» (*ibid.*).

En pleno siglo XX, Hitler condena a muerte a más de doscientos mil homosexuales. Subsisten hoy en el mundo africano y asiático más de setenta países que castigan la homosexualidad con abultadas penas de cárcel y multas. En seis Estados (Brunei, Irán, Mauritania, Nigeria [norte], Arabia Saudí y Yemen) se aplica, con toda seguridad, la pena de muerte a practicantes homosexuales. En otros doce Estados, probablemente también. En treinta más, sufren castigos de hasta ocho años de prisión. En veintisiete más, entre diez años y cadena perpetua.

Incluso en países de legislación favorable a sus exigencias persiste en buena parte de la sociedad una actitud agresiva o, por lo menos, despectiva hacia ellos. Son bastante frecuentes las palizas e incluso los homicidios. Tal es el caso en algunos Estados iberoamericanos. Y en otros países «más civilizados» siguen existiendo discriminaciones laborales y sociales y episodios violentos, incluso mortales. No solo los homosexuales; los diversos componentes del movimiento LGTB han sido «objeto de maltrato, invisibilización y humillación a lo largo de la historia»[9]. Este comportamiento, hoy menos frecuente, no ha desaparecido todavía.

También en estos últimos países el movimiento LGTB es sometido a una serie de críticas que se extienden desde las más moderadas hasta las más agrias e injustas.

Una crítica moderada registra que en estos momentos los miembros de este movimiento, además de gozar justamente de todos los auténticos derechos humanos, reciben la protección específica de las leyes LGTB que otros grupos de ciudadanos en situación precaria no reciben. Según esto, existen

---

[9]   J. ERRASTI y M. PÉREZ ÁLVAREZ, *Nadie nace en un cuerpo equivocado*, Ediciones Deusto, Barcelona 2022, 277.

otras minorías en situación muy vulnerable que no cuentan con un respaldo legal análogo (personas gitanas, inmigrantes, de color, etc.).

Otra crítica razonable estima que el colectivo LGTB está sobrerrepresentado en los medios de comunicación social. Los crímenes contra él parecen cubiertos con más extensión e intensidad que otros de igual calado, cometidos contra grupos marginales más ignorados. «Los derechos proceden siempre de la universalidad. No se tienen derechos especiales por ser mujer, homosexual o negro. Es justo lo contrario. Por ser personas, por estar protegidos por derechos universales, no pueden ser discriminados por ser mujer, por ser homosexual o por ser negro. La universalidad es la salvación, no el peligro»[10].

Hay quienes, al tiempo que rechazan todas las discriminaciones todavía subsistentes contra esta asociación, la consideran como un *lobby* hoy poderoso (incluso económicamente) que presiona eficazmente a los poderes oficiales y fácticos para lograr sus objetivos corporativos.

Subsisten también otras críticas más apasionadas e injustas. Consideran a los grupos LGTB como ejemplo de la decadencia de Occidente. Algunos les atribuyen la responsabilidad de grandes catástrofes y desgracias sociales, como el sida. Otros confunden homosexualidad con pederastia. No faltan tampoco quienes los catalogan como una mafia que pretende subvertir la sociedad.

d) *Los contragolpes de LGTB*

Cuando un grupo reivindicador es débil e incipiente y ha sido vilipendiado con tanta crudeza, es natural que ejerza la

---

[10] J. A. Marina, *El rompecabezas de la sexualidad*, Anagrama, Barcelona 2002, 53.

presión de la que es capaz para reclamar su reconocimiento. Cuando ese grupo crece, se consolida, acumula poder y se vuelve socialmente relevante, suele sentir la tentación de excederse en su presión sobre los responsables políticos, económicos y sociales. Tal es el caso de LGTB. Hay quien se pregunta: ¿es un grupo de presión o un grupo de poder? «Un grupo formado en la reivindicación de intereses comunes se vuelve *grupo de presión* (*lobby*) desde el momento en que los responsables de ese grupo actúan sobre el mecanismo gubernamental para imponer sus aspiraciones o exigencias. La transición a *grupo de poder* se da cuando estos grupos son consultados por las autoridades o tenidos en consideración [...] y son un factor notorio en la decisión política» (Meynaud 1978). Su poderío económico es muy próspero. Solo en España los turistas LGTBIQ contribuyen cada año con 6800 millones de dólares a la economía nacional.

Su influencia en la legislación ha sido muy grande. Desde 2004 hasta hoy ha desempeñado un papel muy importante en la iniciativa y el contenido de las ocho leyes que desde esa fecha ha emitido el Parlamento español. Ha promovido la entrada en la escuela de su teoría de género. Según el diáfano informe emitido en 2016 por el Colegio de Pediatras de EE. UU., la enseñanza de esta teoría «perjudica a los niños» removiendo innecesariamente dudas inconsistentes acerca de su propia identidad sexual.

El grupo LGTB expone sus tesis como «pensamiento único». No cree que quepa un pensamiento razonable diferente del suyo. Transmite a través de muchos destacados medios de comunicación social que lo obvio es su discurso y que todo discurso contrario es no solo irracional, sino «homófobo».

Lo más llamativo de su proceder se cifra en el denominado *outing*. Este término «se utiliza para la acción de hacer pública la homosexualidad de alguien, aunque esta persona no lo quiera hacer. Es decir, "sacar del armario" a alguien a la fuerza. Se ha considerado durante mucho tiempo esta acción como una medida de presión hacia ciertas personas homosexuales en cargos políticos, medios de comunicación, etc., que se habían comportado en contra de los derechos del colectivo homosexual. El tema del "outing" genera gran controversia dentro del movimiento gay, dado que se deben contraponer los derechos individuales con los posibles "deberes sociales" y no existe una postura unánime»[11].

En cualquier caso, mucho les costará a los secularmente perseguidos igualar las atrocidades cometidas contra ellos durante tantos siglos.

También las personas *transgénero* defienden con alguna frecuencia su posición con métodos agresivos. He aquí uno de los numerosos ejemplos: una notabilidad en la disforia de género como K. Zucker fue violentamente atacado por las asociaciones militantes a favor del transgénero y despedido de su puesto en 2015 por haber manifestado que hay que ser especialmente prudente al diagnosticar la disforia de género en niños y niñas. Algo saben también de estas reacciones los dos profesores universitarios de Oviedo[12] y la periodista norteamericana de investigación A. Shrier, escritora del libro *Un daño irreversible*[13]. De él escribe en el prólogo J. Soto Ivars: «El libro que tienes en las manos ha resistido a varios intentos de censura» (pág. 13). Del «pensamiento políticamente correcto» al «pensamiento único» solamente hay un paso. Quisiéramos que LGTB no lo diera nunca.

---

[11] J. J. BAILE, *El joven homosexual*, Desclée, Bilbao 2013, 146.

[12] J. ERRASTI y M. PÉREZ ÁLVAREZ, *Nadie nace en un cuerpo equivocado*, Deusto, Barcelona 2002. Léanse al menos las conclusiones de esta obra, en las páginas 277-285.

[13] A. SHRIER, *Un daño irreversible*, Deusto, Barcelona 2022.

2. Los avances científicos

Junto al feminismo y al LGTB, el desarrollo de las ciencias biológicas, médicas, psicológicas y sociológicas ha contribuido a alentar el debate en torno a la bina sexo-género. Desborda las pretensiones de este libro y la capacidad de su autor seguir paso a paso la evolución de cada una de estas ramas del saber. Me centraré en exponer de manera elemental algunos pasos importantes dados por la biología y la psicología. «Debe subrayarse la gran importancia de las investigaciones en ciencias sobre el hombre, que han permitido un conocimiento muy superior de la sexualidad humana, menos cargado de falsos tabúes y de prejuicios injustificados»[14].

A) *El sexo: una realidad biológica compleja*

El primer avance consiste en el ensanchamiento y enriquecimiento del concepto biológico del sexo humano. La ciencia ha desentrañado el proceso seguido por el embrión (de 0 a 2 meses) y el feto (desde los dos meses hasta el parto) a través de las distintas fases de su recorrido.

a) *El sexo cromosómico*

En 1956 se descubre que todas las células del organismo humano contienen en su núcleo veintitrés pares de cromosomas. Un cromosoma es básicamente ADN[15] en forma más condensada. De estos pares hay uno (el nro. 23) que no es idéntico en el varón y en la mujer. En el varón, el par es XY. En la mujer es XX.

---

[14]   J. Gafo (ed.), *La homosexualidad. Un debate abierto, op. cit.*, 142.

[15]   ADN: Ácido desoxirribonucleico. Un cromosoma contiene también proteína y ARN (ácido ribonucleico)

Todos los óvulos que produce el aparato sexual de la mujer llevan consigo un cromosoma X. En cambio, el varón produce dos tipos de espermatozoides: los portadores de cromosoma X y los que contienen un cromosoma Y.

En el encuentro sexual fecundo, si el cromosoma X del espermatozoide del varón penetra un óvulo de la mujer, el fruto de la fecundación está inicialmente destinado a ser sexualmente femenino. Si es Y, está orientado a ser varón. El nuevo minúsculo ser es XX o XY. Esta composición marca el sexo del ser que nacerá si, en el desarrollo subsiguiente, todo va por la vía ordinaria. En ese desarrollo ulterior del embrión, todas las células con que se va enriqueciendo llevarán un cromosoma XX o un cromosoma XY. Pero el proceso ulterior es delicado. El pequeño ser no está regido por un determinismo total. Incluso caben anomalías importantes en la dotación cromosomática de una ínfima minoría de embriones. Si son objeto del síndrome de Turner, la composición de su cromosoma 23 será «X cero». Si del síndrome de Klinefelter, el cromosoma sexual es del tipo XXY. El primer caso dará lugar a mujeres estériles necesitadas de estrógenos (hormonas femeninas) para su desarrollo. En el segundo, la doble presencia de X obstaculizará la evolución masculinizante (lo que resulta en órganos masculinos rudimentarios, desarrollo de los senos). En ambos casos, de ordinario, los sujetos son estériles.

b) *El sexo gonádico*

En la cuarta semana del desarrollo del embrión se forma en este una *gónada*[16], es decir, una primera glándula sexual que puede producir hormonas masculinas o femeninas. Es res-

---

[16] Gónada: glándula productora de espermas y óvulos. En los vertebrados, generan también hormonas masculinas o femeninas.

ponsable de que se vaya generando un tejido del que se formarán más tarde los ovarios o los testículos. De ordinario, esta gónada suele seguir la línea trazada por la constitución cromosomática del embrión: si es XY, el tejido que irá generando será masculino[17]; si es XX, será tejido femenino. Para conformar los órganos sexuales internos femeninos aparecerán los conductos de Müller. Para «tejer» los órganos internos masculinos se gesta el conducto de Wolff. Seguidamente, a lo largo de la gestación, se van formando, según el caso, el pene y el clítoris. Hay también una fisura en el interior del feto, que se cierra en el caso del varón y queda abierta en el caso de la hembra, formando sus labios menores. En el siguiente paso, se inicia la formación, en el varón, del diminuto pene y de la bolsa del escroto (dentro de la cual se instalarán, a su debido tiempo, los testículos). En el minúsculo ser femenino, los labios mayores.

c) *El sexo hormonal*

Los testículos del feto del varón en gestación comienzan a producir testosterona (hormona sexual masculina). Esta hormona va a desempeñar un papel extraordinario en el proceso ulterior. Convertirá los conductos de Wolff aparecidos en la fase gonadal en vasos conductores y eyaculadores del varón (órganos sexuales internos). Un derivado de la testosterona masculinizará los genitales externos y formará la próstata. Otra hormona (AMH) inhibe en el futuro los conductos de Müller, responsables de la feminización sexual, a la que connaturalmente tiende la gestación del feto. La tendencia nor-

---

[17] El gen SRY, situado en el brazo corto del cromosoma Y, induce a la gónada inicial (que es biopotencial, es decir, puede decantarse por producir hormonas masculinas o femeninas) a definirse por la formación de testículos.

mal de la naturaleza va en la dirección de producir hembras. «El programa básico del desarrollo es femenino, siendo la presencia de la testosterona la que produce el cambio de la diferenciación genital hacia el lado masculino»[18].

Estamos en una fase delicada. No son tan infrecuentes en ella los desequilibrios hormonales (excesos o defectos de producción). Estas disfunciones crean algunas situaciones en las que los órganos genitales internos y externos no se corresponden (total o parcialmente) con el sexo cromosomático y gonadal. En el síndrome de Morris, las hormonas andrógenas, encargadas de desarrollar las características físicas masculinas en el feto, no son asimiladas por este. En consecuencia, el feto se feminiza. Las anomalías se dan también cuando la glándula suprarrenal produce cantidades exageradas de testosterona: en un embrión que desde el punto de vista cromosomático es XX (por tanto, femenino) se produce una masculinización de la zona genital.

d) *El sexo cerebral*

Aunque el cerebro humano es menos dependiente de las hormonas que el de los demás animales, no puede negarse cierto grado de dependencia. Las hormonas sexuales (masculinas y femeninas) son responsables, al menos parcialmente, de la configuración e impregnación sexual del cerebro. La proporción conveniente entre andrógenos (hormonas masculinas) y estrógenos (hormonas femeninas) es decisiva para el desarrollo adecuado de un sexo y del otro. La excesiva producción de andrógenos suprarrenales o la baja producción de andrógenos testiculares pueden causar alteraciones cerebrales e influir en

---

[18] J. R. LACADENA, «Biología y genética del sexo y del comportamiento sexual humano», en J. de la Torre (ed.), *Sexo, sexualidad y bioética*, Universidad Pontificia Comillas, Madrid 2008, 27.

una definición sexual contraria al sexo cromosomático y gonadal[19]. Pueden masculinizar los genitales femeninos o feminizar los masculinos[20]. Son muy numerosos los estudios actuales sobre la influencia del cerebro en la definición sexual. Habrá que esperar sus resultados. Hay una tesis descartada por todos: no existe un cerebro masculino sustancialmente distinto de un cerebro femenino. Ambos son «ligeramente diferentes»[21].

e) *El sexo psicológico*

Desde que un niño o niña nace, se despliegan en torno a ellos expectativas, cuidados, vestidos, juguetes, una educación y un nombre adecuados a su sexo morfológico visible[22]. En la gran mayoría de los casos el niño y la niña muestran, según

---

[19] Es conveniente anotar que tanto el varón como la mujer producen andrógenos (masculinizantes) y estrógenos (feminizantes), aunque en diversa proporción.

[20] Es cierto también que más del 90 % del código genético es idéntico en los varones y las mujeres. Entre los treinta mil genes que componen el genoma humano, las diferencias existentes entre ambos sexos son el 1 %. Al mismo tiempo, la biología reconoce que «esa diferencia influye en cualquier pequeña célula de nuestro cuerpo, desde los nervios que registran placer o dolor hasta las neuronas que transmiten percepciones y emociones» (L. Brizendine).

[21] C. BRUN, «Masculin – Féminin: Des différences cérébrales en question», en H. LEGRAND e Y. RAISON DU CLEUZIOU (dirs.), *Penser avec le genre, op. cit.*, 124.

[22] Con todo, al nacer, el desarrollo cerebral de un bebé está lejos de estar acabado. Su volumen es cinco veces inferior al del adulto: las neuronas ya no se multiplican, pero las sinapsis (relaciones entre neuronas) no están todavía establecidas. Solo el 10 % de las neuronas están conectadas entre sí. El 90 lo van a estar progresivamente a consecuencia de la influencia de los entornos familiar, educativo y cultural. Si estos entornos están ausentes o son atípicos, el cerebro se desarrolla de manera diferente. El destino de cada neurona está fuertemente influido por la experiencia vivida. Es lo que se llama la plasticidad cerebral» (C. BRUN, *op. cit.*, 129).

van creciendo, un sexo psicológico (género) acorde con sus órganos genitales. La conciencia de ser chico o chica y la identificación con su género no ofrece, en la gran mayoría, especiales problemas. La atracción hacia el otro sexo aparece en la pubertad.

No es este el caso de todas las personas nacidas. Un porcentaje que puede estimarse en un 5% se siente atraído sexualmente por su mismo sexo (homosexualidad). Otro porcentaje mucho más reducido (entre el 1 y 8 por cien mil, según diversos estudios) no se siente identificado con su sexo biológico e incluso lo rechaza vehementemente (transexualidad). Ambos grupos tienen un sexo biológico definido. Los homosexuales (gais y lesbianas) se identifican generalmente con él. Se sienten chicos o chicas. No así los transexuales, que se sienten atrapados en «un cuerpo equivocado». Los estudios sobre la homosexualidad son innumerables; los relativos a la transexualidad son menos frecuentes. En la gran mayoría de los casos, el sexo biológico y el psicológico convergen. La crianza diferenciada confirma esta convergencia. Pueden emerger tensiones entre ambos en la niñez, en la pubertad y la adolescencia. Pasada la adolescencia, las tensiones infantiles desaparecen en la inmensa mayoría de los casos. Cuando persisten en la pubertad, delatan, con frecuencia, una auténtica transexualidad.

A lo largo de este complejo itinerario prenatal y perinatal pueden (y suelen) darse desajustes que influyen en la configuración de la identidad o de la orientación sexual.

B) *Los avances de la psicología de la sexualidad*

a) *La pulsión sexual*

La ciencia psicológica (concretamente el psicoanálisis) ha arrumbado el viejo concepto de la sexualidad como *instinto* para concebirla como una *pulsión* (*Trieb*, *drive*). El instinto sexual del animal llega al ser humano modificado por la vía de la evolución y convertido en pulsión.

El comportamiento sexual instintivo está dotado de estos caracteres: Es complejo (no es un simple reflejo espontáneo). No es algo aprendido, sino que se muestra activo a través de una brevísima «puesta a punto». Se dirige a un objeto bien preciso. Produce una satisfacción plena (el animal queda plenamente saturado tras su ejercicio). Es despertado cíclicamente («entra en celo») por unos estímulos definidos. El comportamiento sexual se desencadena a través de una secuencia ordenada de pasos inalterados. Este comportamiento tiene una base neurológica y muscular muy precisa[23].

La *pulsión sexual* ha perdido, al llegar al ser humano, gran parte (no toda, ni mucho menos) de su rigidez biológica. No tiene, como el instinto, *«un objeto adecuado»*, es decir, no hay correspondencia completa entre el impulso sexual y el objeto que le atrae. La pulsión sexual humana está orientada generalmente hacia una persona del otro sexo. «Está orientada, pero no determinada» (Vergote). Comporta un grado, siquiera ínfimo, de flexibilidad y plasticidad hacia destinatarios diferentes (del mismo sexo, por ejemplo).

El *modo de satisfacción* tampoco es tan fijo como el instinto. En este punto se dice que hay tantas sexualidades como personas. Un ser humano tiene la capacidad de complacerse sexualmente en escenas pornográficas, en la exhibición de sus zonas eróticas, en el sexo bucal o anal. Más aún: es capaz de sublimar (aunque nunca del todo) su vida genital abste-

---

[23] Cf. G. Thinès, *Psychologie des animaux*, Dessart, Bruxelles 1966, 231-285.

niéndose voluntariamente de ella y orientando sus energías vitales hacia objetivos socialmente elevados. Así lo confirman no solo el psicoanálisis, sino figuras relevantes de otras escuelas, como Masters y Johnson.

La *base orgánica* y hormonal subsiste en la sexualidad humana, pero es menos determinante en los humanos. «Nadie puede discutir que un rasgo característico de la sexualidad humana en contraposición a la de los restantes animales es el de ser menor dependiente de las hormonas y estar más influenciado por factores psicológicos»[24].

La misma *energía* de la pulsión está menos sujeta a ciclos regulares recurrentes (épocas de celo). Subsisten en alguna medida. Tienen un reflejo orgánico en el ciclo menstrual de la mujer. Pero el comportamiento sexual del hombre y de la mujer es menos dependiente de estas urgencias biológicas.

b) *Sexo y amor*

«El ejercicio del sexo es un espacio no solo instintivo, sino de placer y bienestar, de comunicación y relación, de posible comunión y generatividad, de espiritualidad. Aunque desgraciadamente también de incomunicación, dominación, violencia»[25]. Este es un avance notable en la comprensión de la sexualidad como vivencia que es mucho más que «puro sexo». Pero el mayor de los avances de los saberes humanos sobre la sexualidad consiste en la mejor comprensión de la relación existente entre la dimensión impulsiva propia del sexo y la dimensión amorosa característica del

---

[24] J. Gafo, *op. cit.*, 408.

[25] A. Berástegui, «La homosexualidad: De la patología a la diversidad sexual» en J. de la Torre (ed.), *Homosexualidades y cristianismo en el siglo XXI*, Dykinson, Madrid 2020, 272.

sujeto humano. Existe una especie de amor, diferente del amor familiar y de la amistad, que está orientada a formar unidad profunda con el deseo sexual y a concentrarlo en una persona, generalmente del otro sexo. Puede llamársele con propiedad «amor sexual», es decir, amor impregnado de deseo sexual. El ser humano se enamora profundamente de aquel ser humano al que desea. A partir de un atractivo inicial van creciendo en él amor y deseo. Ama a quien desea y desea a quien ama. El deseo es, de por sí, más errático, sobre todo en el varón. El amor favorece la fijación del deseo en la persona amada. El proceso de la maduración en el amor sexual es un tránsito del «te quiero porque te deseo» al «te deseo porque te quiero».

La antropología sexual clásica valoraba grandemente el amor e infravaloraba el deseo genital como algo menos digno e incluso indigno. Hubo tiempos en los que se pensaba que la mujer no debía sentir placer en el encuentro sexual. El clítoris, el único órgano exclusivamente placentero de la mujer, no se activaba habitualmente. Los estudios actuales han demostrado que en ambos sexos el deseo es parte esencial del amor sexual y lo favorece y alimenta, al tiempo que el amor, a medida que va profundizándose, va impregnándose de deseo. Son dos dimensiones humanas destinadas a encontrarse. El sexo con amor tiene una mayor calidad que el sexo sin amor. Una actividad genital carente de amor produce satisfacción, pero no dicha. Un amor que excluye el deseo (por ejemplo, el llamado amor platónico) no es satisfactorio ni completo. «El orgasmo físico solo es pleno cuando va acompañado de un "orgasmo relacional", es decir, de una estructura de relación plena, confiada, liberada de preocupación por uno mismo, lo cual se da solo en el amor y no en la mera atracción» (J. I. González Faus).

c) *Sexualidad masculina y sexualidad femenina*

– Consideraciones previas

No son tiempos propicios para que el estudio de las diferencias entre sexualidad masculina y femenina sea objeto de atención de muchos trabajos. La tendencia predominante pretende subvalorarlas o suprimirlas. Pero existen trabajos serios que las destacan y valoran.

El ser humano se encarna en dos formas de existencia: la masculina y la femenina[26]. Lo común de ambos sexos es mucho más que la diferencia en todos los aspectos principales de la vida humana. Pero la diferencia no es accesoria ni irrelevante. Existen entre el hombre y la mujer diferencias genéticas, hormonales y cerebrales[27] además de las diferencias morfológicas evidentes. También son apreciables algunas diferencias psicológicas.

Es preciso destacar que las diferencias psicológicas y psicosociales se traducen en rasgos *predominantes* en uno de los sexos, pero no ausentes del otro. Lo que hoy sabemos nos permite ser críticos ante una tradicional posición fixista que contrapone los dos sexos abultando las diferencias y considerando innatos bastantes rasgos de uno y otro sexo que son fruto de la influencia del ambiente y, por tanto, modificables. Al mismo tiempo, el saber sedimentado en los últimos decenios exige moderar la posición contraria defendida por pode-

---

[26] Cf. F. J. J. BUYTENDIJK, *La mujer*, Revista de Occidente, Madrid 1966. Es una obra clásica, una fenomenología femenina. A pesar de los años mantiene su interés, aunque estudios ulteriores aconsejan reformular y retocar algunas de sus afirmaciones.

[27] L. BRIZENDINE, *El cerebro femenino*, Club Círculo de Lectores, Barcelona 2007. Una obra excepcional. *Best-seller* en EE. UU. Trece ediciones en castellano. Aunque subraya las diferencias entre el hombre y la mujer, reconoce que «hay más semejanzas que diferencias».

rosas corrientes feministas y por numerosos trabajos de investigación. Según estas corrientes, las diferencias existentes entre ambas sexualidades son simple efecto de un predominio abusivo de una cultura aún vigente que privilegia al varón e inhibe la maduración sexual de la mujer. «Este estereotipo ha declinado en las dos o tres últimas décadas»[28]. Con todo, el cambio cultural al que asistimos tiende a reducir las diferencias. No es fácil distinguir lo que es innato y lo que es adquirido en estos rasgos diferenciales. Pero se puede apreciar con sensatez que no todo, ni mucho menos, es cultural.

No es propio de este trabajo describir las diferencias genéticas, hormonales y cerebrales, aunque sí es provechoso conocerlas y tenerlas en cuenta porque influyen en el comportamiento. Nos limitamos a exponer sobriamente las diferencias entre el hombre y la mujer en su dimensión y comportamiento *sexuales*.

– Diferencias

Es preciso advertir que el impulso sexual genital y el deseo de satisfacerlo es ordinariamente más vigoroso en el hombre que en la mujer. Este vigor inclina al hombre a pensar en el sexo varias veces por día si una instancia de la voluntad no regula, por motivos varios, estos pensamientos. La impulsividad sexual también existe en la mujer, e induce pensamientos semejantes, pero en menor medida. En un encuentro grato entre hombre y mujer es más fácil que el pensamiento del hombre se sitúe en la perspectiva de un posible intercambio genital, mientras que en muchas ocasiones la mujer no siente la misma inclinación.

La impulsividad hace al varón más proclive a «llegar hasta el final» en el encuentro genital sin reparar siempre

---

[28] *Ibid.*, 118.

suficientemente en un previo intercambio de palabras y gestos de ternura y caricias que predispongan a la «temperatura erótica» adecuada para «seguir adelante». La mujer es más sensible a esta fase preliminar y la echa más en falta cuando no existe o es pobre.

El mismo impulso difícilmente contenible conduce al varón a separar más fácilmente deseo y afecto. Puede desear a una mujer y acostarse con ella no solo sin estar enamorado, sino incluso sin sentir afecto alguno hacia ella. En la mujer, deseo y afecto están ordinariamente más emparejados. Es más propensa que el hombre a envolver el encuentro en un clima emotivo y afectivo recíproco. La pulsión sexual lleva originalmente en el varón una carga menor de afecto, emotividad, ternura. Parecería que el vigor del impulso genital es tan imperioso que él prescinde más fácilmente de estos armónicos afectivos, hasta que el intercambio con su pareja, el enamoramiento, la experiencia de la edad los hacen emerger más tarde. En cambio, la mujer necesita, para vivir con gozo el encuentro, un clima de afecto, ternura, cariño, amor.

Ya en la pubertad, el hombre, en un porcentaje elevadísimo, se siente fuertemente impulsado al autoerotismo masturbatorio. Generalmente, la práctica es muy frecuente en esta fase. El adolescente siente una especie de necesidad fisiológica de evacuar el líquido seminal, acompañando el acto con sueños eróticos. Esta práctica suele prolongarse ulteriormente. En la mujer, su descubrimiento es más tardío y menos frecuente su realización. Un tercio de las mujeres no la han practicado en su vida.

Tanto en la propuesta de comienzo como en el decurso del intercambio, el hombre lleva generalmente la iniciativa. Su propósito es conseguir el orgasmo propio y el de su pareja. Este «resultado» es importante para él. Le afirma en su virilidad. Puede preocuparle tanto que el temor a «no estar

a la altura» en la virilidad inhiba los mecanismos de la erec-
ción (impotencia) o los precipite (eyaculación precoz). Para
la mujer, el «resultado» no es tan importante: el intercambio
erótico, la relación, le producen gran gozo, aunque el déficit
prolongado de orgasmo le origina insatisfacción y ansiedad.
«Alrededor del 30% de las mujeres casadas no tienen nunca,
o casi nunca, orgasmos en el coito con sus esposos»[29].

Existe otro rasgo diferencial más en los motivos que inducen a hombres y mujeres a la relación genital. Los trabajos
que tratan este punto destacan que las mujeres buscan en esta
relación expresar el amor, mantener el compromiso con su
pareja, sentirse amadas y necesarias. En los hombres predo-
minan motivos como el necesitarlo, el satisfacerse, el placer,
el amor, la comunicación[30]. Al menos en la fase juvenil.

---

[29]   J. HYDE, *Psicología de la mujer*, Morata, Madrid 1995, 293.
[30]   *Ibid.*, 294.

4

El trasfondo mental y vital de las teorías de género

El feminismo, el movimiento LGTB y los avances de las ciencias humanas han ido elaborando y transformando el concepto clásico de sexo y género. Pero una comprensión más aquilatada de esta tríada nos remite a un trasfondo mental y vital, cuyos principales caracteres es preciso identificar, siquiera sucintamente, porque preparan el clima social y cultural favorable a la aparición del concepto de género.

No todas estas corrientes mentales y vitales ejercen idéntica influencia en cada una de las dos grandes versiones del género. Algunas están repercutiendo exclusivamente en la más reciente de las concepciones Pasamos a describirlas.

1. El construccionismo

Suele con frecuencia confundirse con el *constructivismo*. Están emparentados, pero no son idénticos. En la elaboración moderna del género influye el *construccionismo*.

El constructivismo surge a mediados del siglo XX e impregna muchas disciplinas y mentalidades. Su pensamiento central puede formularse así: el sujeto humano, al percibir la realidad exterior, la transforma mentalmente. Su subjetividad está dotada de unas estructuras interiores que le conducen a adaptar a ellas la realidad exterior percibida. El resultado es una percepción que no es puramente subjetiva, pero tampoco es puramente objetiva. Nuestra mente no es un espejo que refleja «tal cual» la realidad exterior.

Esta tesis, sugerida ya en los sofistas griegos, encuentra un eco eminente en Kant, que distingue la imagen que nos formamos de la realidad (el *phainómenon*) de esta realidad tal cual es (el *nooúmenon*), que para él es incognoscible. En nuestros días, Piaget ha sido uno de sus inspiradores y promotores.

El *construccionismo* se distingue del constructivismo en dos caracteres mayores. En primer lugar, el sujeto que se forma una imagen distinta de la realidad es *colectivo*: la sociedad y su cultura. En segundo lugar, la construcción de la realidad es *completa*. El poder y el lenguaje a su servicio «construyen» una imagen arbitraria e interesada del ser humano, de su condición corporal y espiritual, de su sexualidad, de su vida económica y de todas sus dimensiones. «Si operamos desde esta visión del mundo vemos toda la información y todas las historias como creaciones humanas. Contrastan con un mundo objetivista que cree percibir las cosas tal cual son en realidad, que dominó la Edad Moderna y dio a la gente fe en la verdad absoluta y en la permanencia de ciertas creencias y valores» (Anderson 1990).

El feminismo acogió con entusiasmo el construccionismo y lo aplicó a la situación de inferioridad y explotación de la mujer. La imagen de esta mujer (sus capacidades y tareas) había sido enteramente «construida» por una sociedad machista y que la había configurado según sus intereses masculinos. Esta convicción asimilada por el feminismo confirió un fundamento a sus reivindicaciones.

2. Michel Foucault

Filósofo, antropólogo, historiador, profesor del Colegio de Francia, es considerado, entre otros títulos, como inspirador de las últimas concepciones acerca del género, del sexo y de otras cuestiones anexas. Su influencia, por ejemplo, en J. Butler, figura central de la teoría *queer*, es patente. Me remito a evocar únicamente aquellos elementos de su pensamiento que nos ayuden a comprender y valorar su aportación al tema central de este trabajo.

Foucault es un construccionista extremo en todos los terrenos: «No hay relación alguna entre la realidad y los conceptos con los cuales creemos comprenderla y que consideramos verdaderos. No existe esa verdad que se proclama. La sexualidad no es una simple realidad natural que las distintas sociedades y épocas históricas reprimen cada una a su manera, sino que es ella misma el resultado de un complejo proceso de construcción social». No es algo natural, prefijado, binario, heterosexual.

¿Quién es según Foucault el «constructor» de estos conceptos? El poder y el discurso elaborado por él. Este poder reside principalmente en el Estado, pero no solo en él. Toda la sociedad está tejida de «micropoderes». Están arraigados en la familia, en la escuela, en la vida laboral, en las relaciones humanas. Son «una trama de poder microscópico, capilar». Están conectados en red. Son condición necesaria para que el Estado ejerza un poder máximo. Están subordinados al poder estatal.

Este poder engendra el «discurso» sobre todas las realidades. Un discurso acorde con la pretensión del poder del Estado, que quiere controlar la vida social según el orden establecido. Este «discurso» sentencia lo que es y lo que no es verdad en cada cosa y lo que está bien y está mal. Con ello contradice el auténtico objetivo: luchar contra «todo control sobre nuestros propios cuerpos, nuestros deseos y nuestras pasiones».

El poder y el discurso están muy emparentados entre sí. El discurso uncido al poder teje nuestros conceptos sobre las cosas, la economía, las relaciones humanas y la vida sexual. Son puras «construcciones» mentales al servicio del poder. Son interiorizadas por los individuos. Pero estas «construcciones» son propuestas (impuestas) como verdad. Tal es su fuerza que, en una época determinada del poder y del discurso dominante, las posiciones contrarias a ellas resultan impensables. «Estamos sometidos a la producción de la verdad desde el poder y no podemos ejercitar el poder más que a través de la verdad» (producida)[1].

En esta situación, el individuo humano no es estrictamente un sujeto. «Lejos de ser portador de una esencia, de resistir a los cambios del tiempo, el sujeto es el resultado de un conjunto de prácticas que intervienen en él, lo atraviesan y, en definitiva, lo constituyen».

La teoría *queer* (y sobre todo Judith Butler) bebe de este pensamiento, lo aplica a su reflexión sobre el género y el sexo. Butler desbordará a Foucault al afirmar que el mismo cuerpo humano en su configuración sexual es fruto de la «construcción» del discurso. No es así para Foucault, que está bien convencido de la realidad inexorable de su cuerpo[2].

---

[1]   M. FOUCAULT, clase del 14 de enero de 1976 en el Colegio de Francia.

[2]   Así lo describe Foucault: «Con este feo caparazón de mi cabeza, con esta jaula que me disgusta es con lo que voy a tener que exponerme y pasearme. Tendré que hablar, mirar y ser mirado a través de esta verja, pudrirme bajo esta piel. Mi cuerpo es el lugar sin retorno al que estoy condenado. Todas las mañanas la misma presencia, la misma herida. Ante mis ojos se dibuja la inevitable imagen que impone el espejo: rostro

3. El existencialismo de Sartre

A través, sobre todo, de Simone de Beauvoir, el existencialismo de Sartre dejará su impronta en la concepción del género. El horror provocado por las dos guerras mundiales fue uno de los motivos de su vigencia desde fines de los 40 hasta principios de los 80. La estupidez de estas contiendas mortales y «la banalización del mal» (H. Arendt) que provocaron suscitaron la pregunta y la respuesta sobre el sentido y el absurdo de la vida humana.

Para Sartre la existencia humana es algo carente de un sentido predefinido. Nada de lo que se ha dicho en el pasado sobre el sentido de la vida humana es real ni natural. No tenemos una esencia por el hecho de existir como humanos. No heredamos ni de la naturaleza ni de un Dios inexistente una meta a lo que hemos de atenernos, que nos marque la ruta y nos dicte una actividad coherente con ella. Utilizando una expresión de Heidegger, el hombre es un ser «arrojado al mundo» sin ningún plan preconcebido para él. Es simplemente «el resultado ciego de una serie de acontecimientos naturales»[3]. En otra expresión del autor, este ser vacío de contenido, sin esencia predeterminada, es un *absurdo*.

Esta descripción descarnada de la existencia humana no es, por mucho que lo parezca, ni pesimista ni nihilista. Precisamente porque el ser humano no tiene esencia ni senti-

---

flaco, hombros caídos, visión miope, nada de pelo, feo de veras». La utopía es «un cuerpo sin cuerpo [...] que será hermoso, nítido, transparente, veloz, infinito en su duración [...] Esta utopía es la más desarraigable del corazón del hombre» (conferencia radiofónica ofrecida en 1964). El viejo gnosticismo del siglo II se asoma en este «lamento descriptivo» del cuerpo humano. Pero no hay indicio alguno de que este cuerpo sea «construido» por el poder.

[3]   A. C. GRAYLING, *El poder de las ideas*, Ariel, Barcelona 2015, 190.

do, puede y debe «crearse a sí mismo», dotarse del sentido y de la esencia de la que carece. Lo hace mediante el cultivo de determinados valores. El primero, la libertad, es condición necesaria de los demás. Junto a él los valores del amor, de la dignidad humana y de la creatividad. Sartre hace hincapié en la *libertad*. Practicarla es una «agonía», es decir, una lucha que nos obliga a tomar decisiones frente a la vaciedad de nuestra existencia. No tenemos puntos de referencia para decidir. Muchas decisiones son dolorosas y estresantes y hay que tomarlas en solitario. «Estamos condenados a la libertad», dirá él. Mediante la libertad, el amor, la dignidad y la creatividad rellenamos el vacío de esencia. «*La existencia, pues, precede a la esencia*». El cultivo de los cuatro valores aludidos conduce a la «autenticidad», que consiste en la coherencia de nuestra conducta con ellos.

Simone de Beauvoir sabrá aplicar a la situación de la mujer esta filosofía, que ella comparte. La mujer es una existencia a la que el hombre le ha marcado una esencia (un sentido, un modo de ser y un rol) inspirada en el androcentrismo. No es que ella nazca ya así; la hacen así. Es preciso lograr que «se haga a sí misma» en contra de la interferencia de la cultura dominante y con la libertad necesaria para ello.

4. El freudomarxismo

Sus representantes más conocidos son W. Reich y H. Marcuse. Varias obras del primero[4] y del segundo[5] fueron lectura frecuente de universitarios inquietos en las décadas de 1960 y 1970. En este trabajo solo recogemos una idea común rele-

---

[4]   W. Reich, *La función del orgasmo* y *La revolución sexual*, entre otras.

[5]   H. Marcuse, *Eros y civilización* y *El hombre unidimensional*.

vante, relativa a nuestro tema: es preciso convertir o aplicar la «lucha de clases» del marxismo a la «lucha de sexos». La mujer es la clase oprimida, y el varón, el opresor. El «final feliz» de esta lucha se alcanzaría con la «liberación sexual» de la mujer.

5. Los progresos de la antropología cultural

En el comienzo del siglo XX esta disciplina registra un resurgir y una amplitud notables. B. Malinowski es un adelantado de excepción, porque introduce una metodología de «inmersión» en la vida de las tribus de Trobriand (Nueva Guinea). El investigador convivió durante un largo tiempo con estas tribus en una actitud de «observador participante». Esta metodología de «trabajo de campo» será asumida por otros muchos investigadores, entre ellos M. Mead. Vamos a remitirnos únicamente a esta autora porque sus trabajos aportan, aun sin nombrarlo todavía, valiosos elementos para la gestación del concepto de género.

Ella dedicó años a observar las diferencias entre los roles de hombres y mujeres en el ámbito de tres tribus de Samoa: «los plácidos montañeses arapesh, los fieros caníbales mundugumor y los elegantes cazadores de cabezas de Tchambuli». Recogió el fruto de sus investigaciones en una obra titulada *Sexo y temperamento* y publicada en 1935[6].

Entre los arapesh y entre los mundugumor apenas encontró diferencias en los roles masculinos y femeninos. En los primeros, tanto los hombres como las mujeres se mostraban *maternales*. «El papel del hombre como el de la mujer es

---

[6] M. MEAD, *Sexo y temperamento en tres sociedades primitivas*, Paidós, Buenos Aires, 1972.

maternal» (pág. 305). En los mundugumor, en cambio, tanto unos como otras eran muy agresivos y violentos. No existía, pues, diferencia sensible entre el rol masculino y el femenino. Ambos sexos ejercían un rol que la sociedad norteamericana de los tiempos de la autora llamaría *masculino*. Sus costumbres eran «espartanas» (pág. 181). No era la suya una sociedad que ve en la mujer «un ser frágil necesitado de protección masculina» (pág. 180).

En la tercera tribu, la de los tchambuli, la investigadora se encontró con que los papeles vigentes en su comunidad norteamericana de origen estaban *invertidos*: los hombres eran sensibles, y las mujeres, dominantes. «Es la mujer en Tchambuli quien ocupa una real posición de poder en la sociedad» (pág. 215).

A la luz de estas descripciones, el estudio concluye afirmando que los roles masculino y femenino no están asociados al sexo biológico, sino a la cultura de cada lugar. Si M. Mead hubiera dispuesto del concepto y término de género (que aparecería quince o veinte años más tarde) habría escrito que sexo y género no están asociados connaturalmente. Ella los llamó «sexo y temperamento». «El material recogido sugiere que muchos (si no todos) rasgos de la personalidad que (en muchas culturas) llamamos masculinos o femeninos se hallan tan levemente unidos al sexo como la vestimenta, los ademanes y la forma de peinado que se asigna a cada sexo según la sociedad y la época [...]. La naturaleza es maleable de una manera casi increíble» (pág. 236). «No es posible, a la luz de los hechos, relacionar con el sexo rasgos como la pasividad y la agresividad» (pág. 237).

Esta obra fue duramente criticada por errores de observación (Freeman). La crítica fue después atenuada por trabajos posterióres. El feminismo de la época la acogió con entusiasmo.

6. El individualismo

Enfrentado perpetuamente con el colectivismo, el individualismo es una postura filosófica, política, económica, ideológica y existencial que da más importancia al individuo que a la colectividad. «Hace del individuo su centro de interés» (*Encyclopedia Britannica*). El *Diccionario de la lengua española* lo define como «tendencia filosófica que defiende la autonomía y supremacía de los derechos del individuo frente a los de la sociedad y el Estado». El individualismo confronta al individuo con la persona. El individuo tiene contactos, no relaciones duraderas, afectivas y vinculantes con los demás. La persona, por el contrario, es un individuo en relación. Esta es una dimensión esencial de la persona. El individuo se pertenece exclusivamente a sí mismo, mientras que la persona, sin dejar de pertenecerse a sí misma, pertenece a otras personas y al grupo. Por eso, la solidaridad interpersonal es consustancial con su condición de persona.

El individualismo tiene su origen en la escuela «cínica» del mundo griego. Atraviesa la Edad Media cristiana poniendo el acento vital en la salvación del alma individual. Se prolonga en el nacimiento y desarrollo del capitalismo. Se enfrenta con su oponente extremo, el colectivismo. Hoy la mayoría de los países del mundo tienden a adoptar un sistema de vida colectiva, preferentemente, de corte individualista. «El mundo se ha convertido en una gigantesca mesa de billar donde cada bola, cerrada sobre sí misma, choca con las otras estableciendo solo puntuales contactos»[7]. Así se ha escrito, tal vez con alguna exageración.

Como método científico profesa este criterio básico: siendo la sociedad un agregado de individuos y no un conjunto de

---

[7] J. A. MARINA, *op. cit.*, 240.

interacciones entre personas y entre grupos, son rechazables todas aquellas teorías que atribuyen a colectivos sociales un papel relevante en la vida de la sociedad. Es el conjunto de los individuos el protagonista de la historia humana. Ni la clase social ni la etnia ni ninguna otra estructura colectiva tienen un papel destacado a la hora de configurar la sociedad.

Cada una de las disciplinas científicas deja su impronta particular en el término *individualismo*. La filosofía individualista «establece la propia felicidad como el propósito moral de la vida humana; el logro productivo como su actividad más noble; la razón como su único absoluto» (Rand). La ética filosófica de corte individualista sostiene que los agentes morales *deben* hacer aquello que responde a su propio interés (egoísmo ético). Contrasta, pues, frontalmente con el altruismo ético. El egoísmo ético no excluye por completo la consideración del bien de los demás, pero solo con tal que contribuya sobre todo al beneficio propio. La psicología individualista tiende a pensar que las personas solo actúan por su propio interés. «El único desprendimiento que conozco es el desprendimiento de retina», escribió un conocido filósofo actual (egoísmo psicológico).

La sociología de esta matriz concibe el individualismo como una forma de actuar según el propio criterio sin tener en cuenta el criterio de la colectividad. La ciencia económica (factor de relieve en el fenómeno individualista) reclama la privatización de las empresas y la desaparición de la regulación del Estado o su reducción drástica. Exige la rebaja de los impuestos empresariales y la apertura de fronteras para los capitales y los productos. La Escuela de Chicago, liderada por Milton Friedman, es una de sus principales inspiradoras.

Pero el individualismo no es solo una opción antropológica de una parte notable del mundo científico. Es un clima social dominante al menos en nuestro mundo cultural. Es un *way of life*, un estilo de vida muy extendido y progresivo. Valores como la solidaridad interhumana, el sacrificio en pro de los más vulnerables, las relaciones gratuitas, los compromisos estables, la unidad necesaria para alcanzar bienes comunes se están debilitando progresivamente. Apenas se concibe una asociación sino para lograr un provecho individual o corporativo, sea o no contrario al bien común.

Las más recientes versiones de género tienen mucho que ver con el individualismo.

Adela Cortina, en un artículo cuyo título es el mejor compendio de su texto, escribió que «sin solidaridad no hay libertad universal ni ausencia de dominación»[8].

7. La posmodernidad

La cultura de la posmodernidad ofrece un contexto y unos contenidos a las actuales teorías del género y a su relación con el sexo biológico. No pretendemos una descripción ni valoración global. Solo describimos y formulamos en el límite algunos de los rasgos más influyentes sobre el tema objeto de nuestro estudio.

a) *El desencanto ante la modernidad clásica*

Prometía mucho. El progreso de la ciencia y de la técnica iba a resolver los grandes problemas pendientes de la humanidad. De la modernidad iba a emerger un mundo más dichoso, más justo, más solidario. Un mundo de bienestar, libertad y satisfacción. Los frutos se han revelado manifiestamente insuficientes. En su lugar ha surgido una gran frustración y una

---

[8]   A. Cortina, «El neoindividualismo: Una ética indolora para unos, dolorosa para los más»: *Diálogo filosófico* nro. 27 (1993), 343-452.

sensación de vacío interior. «No entenderíamos bien la posmodernidad si no percibiéramos que está hecha de desencanto»[9].

Notemos que este desencanto no es vivido por los posmodernos como una tragedia que los conduzca a la depresión. «Las grandes finalidades se apagan, pero a nadie le importa un bledo; esta es la alegre novedad»[10].

b) *La ausencia de ideales y proyectos colectivos*

Una vez instalado en la decepción, para el posmoderno no existen verdaderos proyectos ni finalidades colectivas consistentes. Tampoco las echa en falta. Los humanos, en nuestra trayectoria individual, nos cruzamos (o nos tropezamos) unos con otros como partículas en el interior de un líquido. Al carecer de finalidades colectivas, no tenemos ni brújulas que nos marquen la buena dirección ni esperanza en el futuro. Este déficit de reglas válidas y de esperanza nos impulsa a exprimir del presente toda posibilidad de placer.

c) *La concentración en el ego*

Excluidas las finalidades colectivas, que generan comunidad y solidaridad, se abre la vía de la concentración en el ego. El modelo mítico del hombre y la mujer posmodernos no es Prometeo, que roba a los dioses el fuego y desencadena así el progreso de la humanidad. Tampoco Sísifo, condenado por los dioses a cargar con una pesada piedra hasta la cumbre de una montaña para verla rodar inexorablemente una y otra vez monte abajo. Para ellos el intento de mejorar la realidad social lleva consigo una infalible frustración. «Deje-

---

[9] L. GONZÁLEZ-CARVAJAL, *Ideas y creencias del hombre actual*, Sal Terrae, Santander 1991, 156.

[10] G. LIPOVETSKY, *La era del vacío*, Anagrama, Barcelona 1988, 36.

mos la piedra abajo y disfrutemos». Sísifo ha sido sustituido por Narciso, que, enamorado de sí mismo, carece de ojos y sentimientos para los demás seres humanos. El narcisismo sería el talante cultural predominante de nuestro tiempo. Lo importante es asegurar mis ingresos, cuidar de mi salud, conservarme joven, disfrutar a tope sin traba alguna.

d) *Fuerte declive de la razón y auge del sentimiento*

El posmoderno valora el sentimiento por encima de la razón. «"Pienso, luego existo" es la reflexión de un intelectual que subestima el dolor de muelas»[11]. «Siento, luego existo» es una verdad que posee una validez mucho más general. Por encima de todo, lo que siento es lo más importante. Soy lo que siento. Vivir siguiendo la pauta de nuestros sentimientos egocéntricos es la manera adecuada de moverse en este mundo.

e) *Haz lo que quieras*

En un presente sin raíces en el pasado ni perspectiva de futuro, lo procedente es hacer en cada momento lo que me agrada, sin ninguna norma ética que me lo impida. «Vale lo que me agrada; no vale lo que no me agrada». Cualquier contacto con las demás personas se rige por este criterio.

No es preciso un gran esfuerzo mental para percibir la afinidad de los más recientes «estudios de género» con la mentalidad y sensibilidad posmodernas. Se puede elegir el género con el que cada cual se siente identificado: ser masculino, femenino o de cualquier otro género que sienta como suyo. Puede cambiar de género si lo pide su deseo. Cualquier contacto sexual con cualquiera es adecuado si me agrada. Yo

---

[11] M. KUNDERA, *La inmortalidad*, Tusquets, Barcelona 1990.

soy lo que siento, con toda independencia de mi sexo biológico. Puedo emigrar de un sexo a otro. El transgénero, sea *bigender* (transita entre dos géneros) o *pangender* (no hay límite en la fluidez) se siente «en su salsa» dentro del pensamiento posmoderno.

5
Posición de la Iglesia

Como he indicado en la introducción, no es correcto concebir a la Iglesia en este tema como uno de los dos polos del debate. Pero sí lo es afirmar que es la institución que con más claridad y frecuencia ha ofrecido una visión crítica de varios aspectos de la concepción más vanguardista de género.

Siguiendo la pauta señalada por A. Fumagalli, recogeremos primero el contenido sustancial de las intervenciones diplomáticas vaticanas sobre nuestro tema. A continuación, expondremos la doctrina formulada en los pronunciamientos de los organismos de la curia romana. En un tercer paso reflejaremos las intervenciones pontificias de Juan Pablo II y Benedicto XVI y la más extensa de todas, la del papa Francisco. Referiremos, entre las muchas intervenciones episcopales, la de la Conferencia Escandinava. Concluiremos con la recepción que todo este pensamiento está teniendo en la teología y en la comunidad católica.

1. Intervenciones diplomáticas

Nos referimos a las *Reservas y declaraciones de interpretación de la Santa Sede* principalmente respecto a los documentos elaborados en la Conferencia Internacional de Pekín, celebrada el año 1995. El giro en el uso de la expresión *género* fue la nota más sobresaliente de esta Conferencia y provocó unas precisiones de la delegación vaticana, avaladas por la Secretaría de Estado.

Estas son sus principales puntualizaciones:

a) El Vaticano acepta el término *género* con tal de que se conciba como algo vinculado al sexo corporal y no desvinculado de él, y se reconozca la relación y la diferencia existente entre el hombre y la mujer. «El género está fundado en la identidad biológico-sexual». Este es el significado ordinario de *sexo*, expresado en el uso común (Anotaciones a la Conferencia de Pekín, 2015).

b) Con todo, el Vaticano no se identifica con «el determinismo biológico, según el cual todas las funciones y relaciones de los dos sexos» son dependientes del sexo corporal. El género ofrece a la identidad del hombre y de la mujer algunas aportaciones específicas que no dependen del sexo biológico de la persona (*ibid.*).

c) La sede romana registra con preocupación en los textos de Pekín (e incluso en los anteriores de la Conferencia de El Cairo) un progresivo deslizamiento del concepto de género hacia una interpretación que sugiere una indiferenciación creciente entre el hombre y la mujer. Estima incluso que «en los últimos documentos oficiales se disuelve toda especificidad y complementariedad entre hombres y mujeres» (Secretaría de Estado 2020).

d) Entre el hombre y la mujer es preciso reconocer al mismo tiempo su igualdad y su diversidad. La igualdad deriva de su común condición de persona. La diversidad nace de sus diferencias biológicas, pero también de sus características diferenciales psicológicas y sociales. El Vaticano condensa así, en el año 2010, este pensamiento: «La igualdad no es indiferenciación [*sameness*]; la diferencia no es desigualdad [*inequality*]». Una mujer no es lo mismo que un hombre. Una mujer no es inferior a un hombre. «No es lo mismo desigualdad que diferencia. La igualdad admite diferencias, pero no desigualdades. La desigualdad supone discriminación»[1]. Equivalencia significa tener el mismo valor, no ser considerado ni por debajo ni por encima de otro. Equivalencia no quiere decir indiferenciación.

2. Pronunciamientos de organismos de la curia romana

El lenguaje de estos pronunciamientos es más categórico y crítico sobre la nueva significación del género y sobre las consecuencias que de ella derivan. Acentúa su reserva crítica[2].

a) El Pontificio Consejo para la Familia publicó en los años 1999 y 2000 sendos documentos. El primero se denomina *Familia y derechos humanos*. Califica el género de «ideología» y resalta que su propósito es hacer desapa-

---

[1]   A. JIMÉNEZ PERONA, «Igualdad», en Celia Amorós Puente (dir.), *10 palabras clave sobre mujer*, Verbo Divino, Estella 2014, 143.

[2]   Con todo, en el *Lexicón* propiciado por el Pontificio Consejo para la Familia para clarificar «términos ambiguos y discutidos sobre familia, vida y cuestiones éticas» se afirma que «el término *gender* puede ser aceptado como expresión humana y, por consiguiente, libre, basado en la identidad masculina y femenina». El *Lexicón* no tiene valor magisterial, pero es un instrumento privilegiado para una correcta interpretación de los textos del magisterio.

recer el matrimonio y la familia porque para esta ideología son «la principal forma de opresión de la mujer por parte del hombre, instituida por la cultura desde los albores de la historia». En el año 2000 publica otro documento titulado *Familia, matrimonio y «uniones de hecho*. Censura netamente «la reivindicación de un estatuto análogo tanto para el matrimonio como para las uniones de hecho (incluso homosexuales)» y el atrevimiento de designarlos como familia, siendo así que «la institución matrimonial es la base de ese bien común de la humanidad».

b) La carta de la Congregación para la Doctrina de la Fe «sobre la colaboración del hombre y la mujer en la Iglesia y en el mundo» (año 2004) contiene cuatro afirmaciones de calado:

– Interpreta la aparición de la «ideología» de género como un esfuerzo por cancelar la rivalidad creada entre el hombre y la mujer. Para ello la teoría del género nivela este antagonismo *minimizando* la diferencia corpórea y *maximizando* la diferencia cultural. Con ello logra desvincular el género del sexo.

– Una vez realizada esta desvinculación, el género deriva en algo *individual*: «Toda persona podría o debería configurarse según sus propios deseos», puesto que las diferencias entre hombre y mujer, al ser culturales («simples efectos de un condicionamiento histórico-cultural») serían modificables a voluntad.

– Debajo de todo este pensamiento subyace una *antropología equivocada* que, a pesar de sus reclamos igualitarios y antideterministas, «ha inspirado de hecho ideologías que promueven, por ejemplo, el cuestionamiento de la familia a causa de su condición biparental (compuesta de padre y madre), la equiparación de la homosexualidad y la heterosexualidad y un modelo nuevo de sexualidad polimorfa».

– Las consecuencias *teológicas* de esta antropología son graves: denota un concepto «*patriarcal* de Dios» y niega todo valor al hecho de que «el Hijo de Dios haya asumido la naturaleza humana en forma masculina».

c) Todavía la Congregación para la Doctrina de la Fe promulga en 2003 un escrito titulado *Consideraciones acerca de los proyectos de reconocimiento legal de las uniones entre personas homosexuales*. En él afirma: «La Iglesia enseña que el respeto a las personas homosexuales no puede en modo alguno llevar a la aprobación del comportamiento homosexual ni la legalización de las uniones homosexuales... *Reconocer* legalmente las uniones homosexuales o *equipararlas* al matrimonio significaría no solo aprobar un comportamiento desviado y convertirlo en un modelo para la sociedad actual, sino también ofuscar valores fundamentales que pertenecen al patrimonio común de la humanidad. La Iglesia no puede dejar de defender tales valores para el bien de los hombres y de toda la sociedad».

d) La misma Congregación para la Doctrina de la Fe, en su *Carta a los obispos de la Iglesia católica sobre la atención pastoral a las personas homosexuales* (año 1986), había declarado: «Es absolutamente deplorable que las personas homosexuales hayan sido y sigan siendo objeto de expresiones malévolas y de acciones violentas. Tales comportamientos merecen la condena de la Iglesia dondequiera que se verifiquen. Revelan una falta de respeto por los demás que lesiona unos principios elementales sobre los que se basa una sana convivencia social».

3. Intervenciones pontificias

Denuncian la deriva ideológica de los últimos perfiles del género y su incompatibilidad antropológica con la visión cristiana de la persona humana.

a) *Juan Pablo II*

En su discurso de 1999 ante el Tribunal de la Rota romana, el Papa afirma que el elemento esencial para salvaguardar la dignidad y la convivencia humana es «el auténtico concepto del amor conyugal entre dos personas de igual dignidad, pero distintas y complementarias en su sexualidad». En consecuencia, considera «incongruente la pretensión de atribuir una realidad conyugal a la unión entre personas del mismo sexo».

b) *Benedicto XVI*

En su felicitación navideña de 2008 a la curia romana, el Pontífice ve en las últimas versiones del género un signo de la voluntad humana de emanciparse del Creador. «El hombre quiere hacerse por sí solo y disponer siempre y exclusivamente por sí solo de todo cuanto le atañe».

Cuatro años más tarde explicita aún más su pensamiento. Se lamenta de que el sexo «ya no es un dato originario de la naturaleza que el hombre debe aceptar y llenar de sentido, sino un papel social sobre el que se decide autónomamente, mientras que hasta ahora era la sociedad la que decidía». Con otras palabras: «El hombre niega tener una naturaleza preconstituida por su corporeidad [...] y decide que esta no le ha sido dada como hecho preestablecido, sino que es él mismo quien se la debe crear». Esta antropología inaceptable llega a negar al Creador. Y el hombre y la mujer mismos quedan degradados en su ser de criatura e imagen de Dios[3].

c) *Francisco*

Su exhortación postsinodal *Amoris laetitia* (AL) es, para las personas creyentes, el documento de mayor rango doctrinal en este tema. El papa Francisco lo trata en varios de los números del escrito.

Al hablar de los desafíos a los que se enfrenta la familia en nuestro tiempo (nros. 50-57), se refiere al del pensamiento extremo del género:

> «Otro desafío surge de diversas formas de una ideología, genéricamente llamada *gender*, que "niega la diferencia y la reciprocidad natural del hombre y de la mujer. Esta presenta una sociedad sin diferencia de sexo y vacía el fundamento antropológico de la familia. Tal ideología lleva a proyectos educativos y directrices legislativas que promueven una identidad personal y una intimidad afectiva radicalmente desvinculadas de la diversidad biológica entre hombre y mujer. La identidad humana viene determinada por una opción individualista que también cambia con el tiempo". Es inquietante que algunas ideologías de este tipo, que pretenden responder a ciertas aspiraciones a veces comprensibles, procuren imponerse como un pensamiento único que determine incluso la educación de los niños. No hay que ignorar que "el sexo biológico (*sex*) y el papel sociocultural del sexo (*gender*) se pueden distinguir, pero no separar".
>
> Por otra parte, "la revolución biotecnológica en el campo de la reproducción humana ha introducido la posibilidad de

---

[3]   Este pensamiento papal sintoniza con la afirmación de J.-F. Braunstein (*op. cit.*, 68) cuando califica el fenómeno trans como un intento de «negar la finitud». No se acepta la finitud ontológica ni la finitud sexuada ni la finitud temporal (ser mortal).

manipular el acto generativo, convirtiéndolo en independiente de la relación sexual entre el hombre y la mujer. De este modo, la vida humana, así como la paternidad y la maternidad, se han convertido en realidades componibles y descomponibles, sujetas principalmente a los deseos de los individuos o de las parejas". Una cosa es comprender la fragilidad humana o la complejidad de la vida y otra cosa es aceptar ideologías que pretenden partir en dos los aspectos inseparables de la realidad. No caigamos en el pecado de pretender sustituir al Creador. Somos creaturas, no somos omnipotentes. Lo creado nos precede y debe ser recibido como don. Al mismo tiempo, somos llamados a custodiar nuestra humanidad. y eso significa ante todo aceptarla y respetarla como ha sido creada»[4].

Más adelante, hablando de la educación sexual (nros. 280-286): «La educación sexual debería incluir también el respeto y la valoración de la diferencia, que muestra a cada uno la posibilidad de superar el encierro en los propios límites para abrirse a la aceptación del otro. Más allá de las comprensibles dificultades que cada uno pueda vivir, hay que ayudar a aceptar el propio cuerpo tal como ha sido creado, porque una lógica de dominio sobre el propio cuerpo se transforma en una lógica, a veces sutil, de dominio sobre la creación [...]. También la valoración del propio cuerpo en su femineidad o masculinidad es necesaria para reconocerse a sí mismo en el encuentro con el diferente [...]. Solo perdiéndole el miedo a la diferencia uno puede terminar de liberarse de la inmanencia en su propio ser y en el embeleso de sí mismo. La educación sexual debe ayudar a aceptar el propio cuerpo, de manera que la persona no pretenda "cancelar la diferencia sexual porque ya no sabe confrontarse con la misma"»[5].

---

[4] Exhortación postsinodal *Amoris laetitia*, nro. 56.
[5] *Ibid.*, nro. 285.

En el número siguiente alude a los diversos factores psicológicos e históricos que intervienen en la gestación del género y critica la rigidez en la diferenciación masculina y femenina. «Tampoco se puede ignorar que en la configuración del propio modo de ser, femenino o masculino, no confluyen solo factores biológicos o genéticos, sino múltiples elementos que tienen que ver con el temperamento, la historia familiar, la cultura, las experiencias vividas, la formación recibida, las influencias de amigos, familiares y personas admiradas y otras circunstancias concretas que exigen un esfuerzo de adaptación. Es verdad que no podemos separar lo que es masculino y femenino de la obra creada por Dios, que es anterior a todas nuestras decisiones y experiencias, donde hay elementos biológicos que es imposible ignorar. Pero también es verdad que lo masculino y lo femenino no son algo rígido. Por eso es posible, por ejemplo, que el modo de ser masculino del esposo pueda adaptarse de manera flexible a la situación laboral de su esposa. Asumir tareas domésticas o algunos aspectos de la crianza de los hijos no lo vuelven menos masculino ni significa un fracaso, una claudicación, una vergüenza [...]. La rigidez se convierte en una sobreactuación de lo masculino o femenino y no educa a los niños y jóvenes para la reciprocidad encarnada en las condiciones reales del matrimonio. Esa rigidez, a su vez, puede impedir el desarrollo de las capacidades de cada uno hasta el punto de llegar a considerar como poco masculino dedicarse al arte o a la danza y poco femenino desarrollar alguna tarea de conducción. Esto, gracias a Dios, ha cambiado, pero en algunos lugares ciertas concepciones inadecuadas siguen condicionando la legítima libertad y mutilando el auténtico desarrollo de la identidad concreta de los hijos o de sus potencialidades»[6].

---

[6] AL 286.

4. Intervenciones episcopales

Las conferencias episcopales de varios países han hecho públicas sus posiciones sobre el tema. Así la española, la suiza y la canadiense. Me limito a citar la expresada por la Conferencia Episcopal Escandinava en el V Domingo de Cuaresma de 2023. Aludiendo a las reivindicaciones del movimiento Arco Iris (LGTB) afirma: «Reconocemos todo lo que es noble en las aspiraciones de este movimiento. En la medida en que hablen de la dignidad de todo ser humano y su anhelo de ser visto por lo que es, compartimos estas aspiraciones. La Iglesia condena toda forma de discriminación injusta, incluyendo aquellas basadas en el género o la orientación afectiva. Discrepamos, en cambio, cuando este movimiento propone una visión de la naturaleza humana separada de la integridad corporal de la persona, como si el género físico fuera accidental. Y protestamos cuando se fuerza esa visión sobre los niños y niñas presentándola como una verdad probada y no como una hipótesis temeraria y cuando se la impone a los (y las) menores como una pesada carga de autodeterminación para la que no están preparados(as) [...]. Se presupone que la única identidad que cuenta es la que emana de la autopercepción subjetiva» (pp. 1 y 2).

5. La recepción teológica de esta doctrina[7]

a) Una orientación teológica *refuerza y subraya la crítica formulada por el magisterio eclesial* a la forma extrema del concepto de género y *la extiende a toda perspectiva de género*. Estima que la forma extrema tiene un poder de atracción

---

[7] Este número está ampliamente inspirado en A. Fumagalli, *op. cit.*, 62-66.

que acaba succionando solapadamente otras concepciones del género menos reprobables. Propugna, en consecuencia, una abierta y decidida oposición a cualquiera de sus versiones. Y, al mismo tiempo, sostiene que, evitando toda atención obsesiva a los reclamos del género, sería tarea teológica profundizar en la antropología que se basa en la diferencia entre hombre y mujer. Tal diferencia tiene su fundamento sólido en el hecho de que es *irreductible* tanto desde el punto de vista corpóreo como desde el psicológico. La reflexión antropológica debe ahondar y fundamentar más aún esa irreductibilidad. Así piensan M. A. Peeters[8] y otros autores.

b) Otra orientación *asume* críticamente la *perspectiva* de género. Naturalmente, excluye una concepción de género que disocia totalmente el género del sexo biológico y lo reduce a una construcción sociocultural y, en último término, a opción individual. Lejos de disociar y desacreditar el sexo biológico respecto del género sociocultural, reconoce el cuerpo sexuado en su doble forma masculina y femenina como «elemento base» en el que se insertan las aportaciones de la cultura y la sociedad a la formación completa de la identidad de la persona. Pero distingue ideología de género y perspectiva de género. *Asumir críticamente* la perspectiva de género equivale a registrar sus desaciertos, pero considerarla como instrumento que ha resultado útil para descubrir diferencias injustas o exageradas entre el hombre y la mujer, analizar las causas de tales diferencias y propiciar una política transformadora. Asumir críticamente la perspectiva de género comporta, asimismo, reconocer que, en la concepción hasta hace poco corriente, el género femenino ha sido deficiente y peyorativamente concebido y tratado en el seno

---

[8] M. A. Peeters, *Il gender. Una questione politica e culturale*, San Paolo, Cinisello Balsamo 2014, 316.

de una cultura androcéntrica, elaborada en clave masculina. No solo hay elementos ideológicos en el mundo del género preponderante en nuestros días. Los ha habido y los hay en la concepción tradicional.

c) Los esfuerzos de la teología para reconducir las aguas hacia un cauce razonable y benéfico para la sociedad son muy limitados: los estereotipos del pasado son muy tenaces. Asimismo, los grupos de presión, las leyes, los medios de comunicación social y el ambiente cultural que hemos intentado describir son hoy factores muy poderosos. *Influyen también en la mentalidad y sensibilidad de muchos creyentes*. Todo parece indicar que en un futuro próximo seguirá extendiéndose en buena parte del mundo. También es verdad que, a lo largo de la historia, corrientes poderosas han sido marginadas tras haber dejado beneficios, lecciones y desastres. Ciertas ideologías anteayer adoradas producen hoy hartazgo social y una crítica severa e implacable. El futuro nos es tanto más desconocido cuanto más lejano.

PARTE VALORATIVA

6

Sexo y género: valoración

Abordamos ahora la labor de pasar de la tarea descriptiva y explicativa a la delicada sección *valorativa*. ¿Qué hay de válido o desechable, de humanizador o deshumanizador, de verdadero o falso, de cierto o de dudoso en las posiciones descritas en los capítulos precedentes respecto de «sexo y género»?

1. La concepción tradicional, a examen

a) Frente a la mentalidad tradicional, la sexualidad y su ejercicio *no son solo una realidad anatómico-fisiológica*. Freud mismo sitúa la pulsión sexual en el umbral entre lo físico y lo psíquico. La sexualidad no es un mero desahogo de un instinto vital. No es solo una fuente de placer orgánico. Es también manantial de emociones psíquicas, de gratificación psicológica, de efectos serenantes sobre el equilibrio psíquico de la persona. Es, asimismo, vía de expresión: el sexo ejercido es un lenguaje que está orientado a facilitar la comunicación en el seno de la pareja. Es, además, espacio de reciprocidad enriquecedora de las personas mutuamente implicadas. Es igualmente una dimensión esencial del «amor sexual», en el que el deseo alimenta el amor y el amor crece y se expresa como deseo y entrega. Es, en fin, «last, but not least», capacidad procreadora de otras vidas humanas. Orientada al amor, la sexualidad no es algo bajo, sino un componente que tiene dignidad antropológica. La idea de una sexualidad concebida como una necesidad infrahumana que no hay más remedio que tolerar es anacrónica y altamente incorrecta. En suma: sexualidad es mucho más que sexo biológico y sus impulsos connaturales.

b) Existe una diferencia entre la psicología masculina y femenina. Las capacidades de ambos sexos no son idénticas. Pero la diferenciación tradicional se ha revelado *muy exagerada*. Es un tópico inasumible concebir al hombre como cerebral, fuerte, organizador, creador, preparado para el espacio exterior, y a la mujer como sentimiento, debilidad, acogida, cuidado, capacitada para moverse en el espacio doméstico. Es injusto asignar en exclusiva al uno y a la otra tareas y responsabilidades en consonancia con este tópico. Más que por sus cualidades y capacidades diferentes, el hombre y la mujer se diferencian por el estilo con que las ejercen. Hay un *toque masculino y otro femenino* en el trato, al trabajar, al expresarse, al jugar, al caminar, al relacionarse con el otro sexo, al vincularse a los hijos, etc.[1]. Este toque tiene, sin duda, elementos heredados de la cultura, pero no se reduce a ellos.

Con todo, no se puede ignorar que las diferencias derivadas del sexo son *reales*. No solo el sexo, sino también la sexualidad masculina y la femenina tienen sus diferencias.

---

[1]   M. VIDAL: «Además de ser garantía de una función biológica muy determinada (la generación de la prole) la sexualidad es un principio de configuración: el ser humano percibe, siente, piensa y quiere como varón y como mujer» (*Diccionario de ética teológica*, Verbo Divino, Estella 1991, 546-547).

Son dos sexualidades diferentes. «Me temo que el dato de las dos sexualidades (no solo dos sexos) diferentes es *el único que no se explica* en nuestras cacareadas clases de educación sexual, cuya única meta parece ser que puedas "hacerlo sin que pase nada"; mientras que de temas como el autocontrol y el respeto a lo diferente... ni pío. Eso ha llevado a muchas chavalas a entregarse corporalmente sin desearlo, creyendo que el sexo era un peaje que había que pagar para conseguir afecto»[2].

Naturaleza y cultura se entrelazan de manera inextricable. No se pueden desenredar del todo.

c) La función del sexo biológico en la determinación de su género masculino o femenino es *fundamental, aunque no plenamente determinante*. En la formación del género intervienen también factores educativos, ambientales, culturales. No son los mismos en una mujer del norte de Europa que en una del África negra. La concepción tradicional tiene toda la razón en atribuir al sexo biológico una parte fundamental de la identidad masculina o femenina de la persona (del género). No la tiene al concederle la causalidad total[3]. El determinismo biológico radical ha sido excluido por el avance científico.

d) El *cauce ordinario de la orientación sexual es la heterosexualidad.* El atractivo entre el hombre y la mujer es la concretización más genuina de la sexualidad humana. Es la realización netamente preferente en todas las culturas y en todos los tiempos. «Con enorme respeto para quienes afirman lo contrario, creo que la heterosexualidad aparece para la gran mayoría como el destino y la meta hacia la que se

---

[2]   J. I. González Faus, *Utopía y espiritualidad*, Mensajero, Bilbao 2015, 214.
[3]   AL 286.

debe tender. No es solo la consecuencia de una cultura determinada (aunque nadie niega su influjo), sino que algo más debe existir en la realidad cuando se ha mantenido de una manera tan constante y generalizada [...] No parece que la humanidad entera se haya equivocado por completo al proponer este camino para la realización sexual»[4].

Respecto a la orientación homosexual, los datos biológicos y psicosexuales aducidos hasta el presente no permiten asegurar *científicamente* ni la normalidad ni la patología de tal orientación. Pero «la homosexualidad no es una alternativa equivalente a la heterosexualidad»[5]. En cualquier caso, las personas homosexuales son dignas de respeto, de acogida social y de participación en las tareas y responsabilidades comunitarias. Son infames su menosprecio y su exclusión familiar y social.

El número 250 de *Amoris laetitia*[6] está enteramente dedicado a las personas homosexuales y a sus familias: «La Iglesia hace suyo el comportamiento del Señor Jesús que en un amor ilimitado se ofrece a todas las personas sin excepción. Con los padres sinodales, ha tomado en consideración la situación de las familias que viven la experiencia de tener en su seno a personas con tendencias homosexuales, una experiencia nada fácil ni para los padres ni para sus hijos. Por eso deseamos ante todo reiterar que toda persona, independientemente de su tendencia sexual, ha de ser respetada en su dignidad y acogida con respeto, procurando evitar todo signo de discriminación injusta (*Catecismo de la Iglesia ca-*

---

[4] E. López Azpitarte, «La homosexualidad»: *Sal Terrae* 90, 1053 (2002), 141-156.

[5] J. Vico Peinado, «Misericordia en los juicios: A propósito de gays y lesbianas»: *Sal Terrae* 90, 1053 (2002), 115-128, cita en 119.

[6] AL 250.

tólica 2358) y particularmente cualquier forma de agresión y violencia. Por lo que se refiere a las familias, se trata, por su parte, de asegurar un respetuoso acompañamiento con el fin de que aquellos que manifiestan una tendencia homosexual puedan contar con la ayuda necesaria para comprender y realizar plenamente la voluntad de Dios en su vida».

e) El *espacio exterior al hogar es también connatural a la mujer*. El trabajo fuera del hogar, la profesión civil, el compromiso cultural, la participación política. El hogar es, desde luego, entrañable para ella: la relación conyugal, la maternidad, la crianza de los hijos. No es humano ni justo desestimar uno u otro de los campos. La subestimación de la vida conyugal y maternal, lejos de ser un progreso en la liberación de la mujer (como creen algunas feministas y otros grupos), comporta un empobrecimiento: su omisión, una mutilación. El ejercicio y el gozo de la maternidad son innegables e inefables.

Tampoco es saludable ni justo el enclaustramiento de la mujer en la vida doméstica. Como diría Friedan, es «el mal que no tiene nombre». Produce frustración e insatisfacción en muchas mujeres. Priva a la sociedad de una preciosa aportación. Es más que deseable que, al prestarla, se resista cuanto pueda a asumir las condiciones injustas de nuestro mundo laboral.

Para que la mujer «salga más», el hombre tiene que «entrar más» en la vida del hogar. El espacio interior le es también connatural. saludable, gratificador. Le implica más responsablemente en la relación conyugal y en el trato con los hijos e hijas y su educación. Le induce a compartir las tareas y responsabilidades de su casa y familia.

La responsabilidad y la autoridad en el hogar deben ser compartidas entre el hombre y la mujer.

f) *La diferencia entre el hombre y la mujer es real, pero no puede en modo alguno entenderse como superioridad ni dominio* del uno sobre la otra. Es una diferencia dentro de la igual dignidad de todas las personas humanas. No solo están al mismo nivel en su dignidad. También en sus capacidades. No hay una dotación global mayor de la naturaleza para el hombre que para la mujer, aunque sus dotaciones no sean totalmente idénticas. Son complementarias, pero del mismo nivel. Es inaceptable la mentalidad que refleja una máxima oriental: «La mujer es la rosa; pero el hombre es el jazmín». Existe una verdadera reciprocidad entre el hombre y la mujer.

g) El matrimonio entre el hombre y la mujer es, por lo menos, *la institución más coherente con el «amor sexual»* y con la generación y crianza de la descendencia. Es asimismo el espacio más cálido para su educación. El llamado «matrimonio homosexual» es cualitativamente diferente con respecto a la unión heterosexual. Aunque esté legalizado, le falta la complementariedad recíproca nacida de la diferencia de sexo y de género y la capacidad generativa.

En contra de las afirmaciones del movimiento *queer* y de alguna publicación más reciente[7], el *binarismo sexual* (dos sexos: masculino y femenino) *sigue siendo una posición sólida.* Los intersexuales constituyen una ínfima minoría (no muy superior al 0,01 %) y las alteraciones de su morfología sexual son vistas por muchos especialistas como efecto de irregularidades en el proceso de gestación prenatal. No nos parece, pues, razonable resucitar la tesis de A. Fausto-Sterling, ya expuesta (págs. 37-38), que sostenía que, al me-

---

[7]   Véase el artículo de Claire AINSWORTH publicado en *Nature* 518 (2015), 288-291. Se titula «Sex redefined». Según ella, la sexualidad humana no es binaria. Entre el polo masculino y el femenino existen unos estados intermedios que no pueden reducirse a meras alteraciones de ambos polos. Cuestionan la polaridad binaria.

nos, cinco grandes variedades eran cinco sexos diferentes. Estas variedades son, al menos frecuentemente, fruto de anomalías, a veces incluso genéticas. Entre las más conocidas se encuentran los ya citados síndromes de Turner, Klinefelter y Morris.

El contraste entre estas afirmaciones y las convicciones clásicas apuntadas en la introducción de este trabajo (págs. 7-15) nos descubre que hay *importantes coincidencias y relevantes desacuerdos*. Estos últimos van difuminándose paso a paso, al menos en el mundo occidental. Pero no del todo. Incluso en aquellos que, en teoría, han depurado sus convicciones queda un residuo vital que sintoniza espontáneamente con las viejas afirmaciones. La labor de decantar lo que se ha posado durante siglos es larga y penosa, pero inexcusable.

2. Las nuevas concepciones de género: discernir

A) *El concepto de género anterior a la teoría* queer (análisis valorativo)

En la historia de la evolución de la idea de género nos hemos encontrado a grandes rasgos con dos concepciones diferentes, aunque no del todo desconectadas entre sí. Requieren una valoración diferenciada.

La primera concepción admite la existencia autónoma del sexo biológico, aunque no muestra por él el debido aprecio. Distingue entre sexo biológico y género, que sería fruto *exclusivo* de una cultura que ha construido una concepción peyorativa de la condición femenina y otra desmesurada de la condición masculina.

Al valorar esta primera concepción hemos de distinguir las dos dimensiones siguientes.

a) *La teoría de género como instrumento de investigación*

La perspectiva de género ha puesto de relieve que las prácticas sociales y la cultura ejercen una influencia no desdeñable sobre la identidad del ser humano y sobre las relaciones sexuales.

Los estudios realizados desde esta perspectiva han contribuido poderosamente a analizar las cualidades y las funciones que han sido atribuidas a la mujer por las diferentes culturas. Han descubierto un retrato femenino bastante rebajado y sometido al hombre. Dichos trabajos han estudiado las causas que han influido en la formación de esta imagen peyorativa. Han puesto de manifiesto cualidades positivas de la mujer soterradas durante siglos y siglos. Han examinado los efectos de este soterramiento. Han abierto cauces para una justa equiparación entre el hombre y la mujer. Han enterrado el estricto determinismo biológico como generador total y único de la condición masculina y femenina.

Han influido, también, para que comportamientos sexuales no coincidentes con la heterosexualidad no sean penalizados. Han defendido que toda persona humana, sea cual sea su condición sexual, es acreedora de todos los verdaderos derechos humanos.

Es preciso, pues, reconocer los efectos positivos que la utilización de este concepto como herramienta investigadora ha generado. Lo hace el *Lexicón* romano[8].

---

[8] Distinguiendo la *ideología* de género, que es «un sistema cerrado con el que no hay modo de razonar», de «la *perspectiva* de género que defiende el derecho a la diferencia entre varones y mujeres y promueve la corresponsabilidad en el trabajo y en la familia», afirma que esta última «no debe confundirse con el planteamiento radical [...] que ignora y aplasta la diversidad natural de ambos sexos».

b)   *Verdad y error de esta concepción de género*

El género no es simplemente una perspectiva. Es también un concepto. Tiene un contenido conceptual.

Dice verdad este concepto cuando afirma que una cultura patriarcal y androcéntrica ha cargado en una larga historia un fardo de rasgos peyorativos sobre la mujer y no ha brindado ocasión de reconocimiento a sus capacidades, aspiraciones y derechos. Hasta que la Revolución Industrial y las guerras europeas hicieron imposible diferir el voto de la mujer y su incorporación al trabajo exterior, no se le abrieron las puertas para que pudiera combinar hogar y participación social

Dice verdad esta concepción al reconocer el carácter autónomo del sexo biológico y al admitir el binarismo de dicho sexo.

Constituye una exageración de bulto de esta concepción afirmar que la *entera* condición psicológica y social de la mujer (su género) es fruto de la cultura ambiental. En otras palabras, niega que su constitución psicológica y social encuentra un fundamento firme en su sexualidad biológica. En realidad, sobre esta se estructuran los aportes educativos y culturales, la relación con las personas de un sexo u otro y las opciones de su libertad individual única. Prescindir de la dimensión biológica equivale a negar la corporeidad como elemento relevante de la identidad masculina y femenina. Tal vez no caen en este extremo todos los grupos que se adhieren a la primera noción de género. Pero sí tienden a subvalorar el cuerpo, considerándolo como elemento secundario. Desconectado del sexo, el género tenderá pronto a ser errático y volátil por estar falto de un fundamento imprescindible. Esta última postura distancia de las feministas a muchas personas y grupos que comulgan con ellas en otras reivindicaciones culturales y sociales.

La cerrazón de la cultura androcéntrica a que la mujer accediera a una alta formación académica y a puestos de relieve en la sociedad provocó, al menos en gran parte, una reacción errónea en esta teoría: la depreciación de su función conyugal y maternal, componentes cardinales de la mujer[9]. Es cierto también que en el matrimonio clásico se daba por supuesta la tesis de la superioridad del varón. Pero esta grave deficiencia no justifica la descalificación aludida. La concepción de género minusvaloró casi desde sus primeros compases la maternidad como fuente inefable de realización personal, de generosidad y de dicha.

B) *El concepto* queer *del género: evaluación*

«Pretendiendo escapar no solo del determinismo biológico, sino también del determinismo cultural, las más recientes teorías de género acaban determinando la identidad personal sobre la única base del sentimiento psíquico y de la libertad. Al naturalismo biológico (desfasado) y al culturalismo social le sustituyen el emotivismo psíquico y el individualismo libertario, denegando el vínculo que la emoción psíquica y la libertad individual mantienen con el cuerpo sexuado y las relaciones interpersonales»[10]. Es «el primado del sentir sobre el pensar»[11]. Es la teoría *queer*, descrita en el capítulo 2.

Una cosa es el respeto de la «diversidad sexual» y otra comulgar con la mentalidad *queer*. El sexo biológico no ha

---

[9] S. de Beauvoir: «Ninguna mujer debería estar autorizada a quedarse en casa para cuidar a los hijos [...]. Las mujeres no deberían disponer de esa opción porque, si existiera, demasiadas mujeres optarían por ella». Es fragmento de una carta dirigida a su colega Betty Friedan (cita en E. ALBURQUERQUE, *Ideología de género*, CCS, Madrid 2017, 16).

[10] A. FUMAGALLI, *op. cit.*, 69.

[11] X. LACROIX, *Il culto dell'emozione*, Vita e Pensiero, Milano 2002.

sido modelado hasta sus últimas conexiones nerviosas por la cultura y el discurso elaborado por ella. La «diversidad sexual» no implica la multiplicidad de los sexos y el rechazo del binarismo. No existen auténticos sexos intermedios entre el masculino y el femenino, aducidos por este movimiento, sino modalidades deficientes de uno y otro. El sujeto no crea por puro sentimiento y decisión propios el género que desea. No cualquier «diversidad» de relación sexual es igualmente coherente. No es de recibo negar la diferencia entre la especie humana y la animal o la de cualquier viviente. Esto no es libertad, sino espíritu libertario.

La negación del cuerpo sexuado como elemento básico en la gestación de la identidad olvida que no existe encuentro sexual de carácter genital que no sea «cuerpo a cuerpo» (de sexo diferente o idéntico). Un cuerpo que es dimensión constitutiva del sujeto humano. Como lo expresan G. Marcel y después Merleau-Ponty y otros filósofos, «yo soy mi cuerpo». No solo «tengo cuerpo». Soy cuerpo. Y voy al encuentro sexual «con todo mi cuerpo». En la relación, yo percibo el cuerpo de mi pareja como sexualmente diferente o igual al mío, pero distinto del mío.

C) *Las cuatro dimensiones esenciales de la identidad humana*

Por supuesto que el sentimiento y la libertad individual son dimensiones *esenciales* de mi identidad masculina o femenina. Pero no son toda mi identidad ni siquiera lo más originario de la misma. Es básica y originaria mi identidad sexual biológica (varón o mujer) y son imprescindibles la aportación y el componente cultural. *Cuerpo, cultura, sentimiento y libertad son cuatro dimensiones que conforman mi identidad como hombre o mujer.* Por ser básica, la identidad biológica (el cuerpo) ofrece un campo de posibilidades y una serie de limitaciones. No somos todo lo que deseamos (el deseo es ilimitado), sino lo que podemos ser.

Estas cuatro dimensiones *no son una simple suma* en la que cada una de ellas desempeña su papel independiente respecto a las demás. Interactúan entre sí. Se condicionan mutuamente en el proceso de gestación de la identidad sexual de la persona. Sexo biológico, sentimiento psíquico, influencia cultural y libertad personal son interdependientes. No puede existir una libertad «a lo *queer*», es decir, no condicionada por el cuerpo sexuado. Ni es posible una libertad ilimitada, totalmente desprendida del sentimiento psíquico, descolgada del todo de la influencia cultural. «Esta libertad es, ante todo, responsabilidad»[12].

Y, sin embargo, la libertad, que es la única dimensión consciente, tiene *una función mediadora*, coordinadora y «directiva» de las demás dimensiones. En virtud de esta función puede reconocer, secundar, moderar o inhibir aspectos de las demás dimensiones y los impulsos que de ellas se derivan. No *manu militari*, forzándolas. No tiene sobre ellas «dominio despótico» sino «político», en expresión de Aristóteles. Es una libertad responsable que, en su función «directiva», debe salvaguardar, mesurar y promover las demás dimensiones. En primer lugar, la más básica y olvidada de todas en la perspectiva *queer*: la dimensión corpórea.

En efecto, el cuerpo sexuado no es una «tabula rasa in qua nihil est scriptum»[13]. No es una sustancia plástica a la que podemos dar la forma que nos agrada o la que dicta la moda del momento. El aparato genital humano tiene su propia es-

---

[12] A. Fumagalli, *op. cit.*, 76.
[13] «Una pizarra limpia en la que no hay nada escrito».

tructura cromosomática, gonadal, hormonal, cerebral, morfológica preexistente. Basta evocar la resistencia que ofrece a todo cambio de sexo. No es preciso recordar que el sujeto que se somete a él se obliga a una medicación controladora durante toda su vida.

En suma: la diferencia sexual entre el hombre y la mujer no es puramente biológica. Hombre y mujer son dos expresiones, dos formas de existencia del sujeto humano. Estas dos formas están estrictamente relacionadas entre sí. No son dos esencias diferentes, como lo creyó Luce Irigaray. El hombre se siente y se hace hombre frente a la mujer, y la mujer se siente y se hace mujer frente al hombre. Están orientados interiormente a una relación intersubjetiva, no a una relación sujeto-objeto. Su diferencia los hace recíprocos, no complementarios. En otras palabras: son dos sujetos y no dos mitades que componen un ser único, como en el mito griego del «andrógino» (*anér-gyné*). Su íntima unión por el amor sexual no es fusión. La unión, lejos de debilitarlos como sujetos, los fortalece como tales. Del «frente a frente» inicial, pasan al «con» él o ella. Y del «con» al «para».

La multiplicidad de géneros «existentes» para los *queer* roza el delirio. Una rama de LGTBA los cifra en 251. Otra llega a contar 4 000 y confiesa su esperanza de alcanzar un día la lista «completa» (!).

3. Una mirada de discernimiento a los cambios de sexo y género

A) *El tratamiento de la transexualidad*

No se puede negar que existen personas verdaderamente transexuales. Su número es muy reducido. Como hemos indicado anteriormente, en un sondeo gigantesco realizado en doce países a una población de casi cien millones se revelaron 4355 transexuales «de verdad». Son seres sufrientes. Cuando este sufrimiento es muy intenso y duradero, se denomina *disforia de sexo*. Esta disforia se vuelve, con frecuencia, insufrible cuando se encuentra con el rechazo de colegas o con intolerancias familiares.

Cuando la disforia ha sido debidamente analizada para distinguirla de muchas «dolencias sucedáneas», el cambio de sexo, realizado por un tratamiento de calidad, es una solución humanizante aceptable en determinadas circunstancias. Así lo atestiguan J. Gafo[14], E. López Azpitarte[15] y otros especialistas.

Acerca de los efectos de este cambio de sexo no existe acuerdo entre los expertos. El Dr. Edgerton sostiene que, después de haber seguido a sus pacientes durante veinticinco años tras la intervención quirúrgica, ninguno de ellos estaba arrepentido de haberse sometido a ella. En cambio, el Instituto Karolinska de Estocolmo registró, en una muestra de 324 personas transexuales operadas, una mortalidad tres veces superior y una tendencia mayor al suicidio. El número, al parecer creciente, de casos de reversión al sexo originario, indica al menos que no siempre se logra el resultado apetecido. Al parecer, «Los científicos no tienen aún

---

[14] J. GAFO, «Intersexualidad y transexualidad»: *Razón y Fe* 225, 1122 (1992), 403-418.

[15] E. LÓPEZ AZPITARTE: «Cuando la tendencia psicológica se constata irreversible y definitiva, la única alternativa existente es acomodar su morfología, en la medida de lo posible, a su identidad psíquica». Incluso la mutilación de un órgano sano «estaría justificada por el principio de la totalidad» («Estados intersexuales y cambio de sexo. Aspectos éticos»: *Proyección* 38 [1991], 139). Los órganos sexuales de un transexual son sanos. El principio de la totalidad justifica la ablación de un órgano en aras del bienestar global del sujeto humano.

medios fiables para predecir quiénes acabarán beneficiados y quiénes saldrán perjudicados por una cirugía de reasignación de género. Algunos se sienten satisfechos. Otros siguen teniendo pensamientos suicidas, se deprimen y se arrepienten»[16].

Muchos de los que muestran su disconformidad dolorosa con su cuerpo masculino o femenino son preadolescentes. También con ellos se sigue la praxis del inicio rápido del tratamiento. Se da por sólida la manifestación del niño o niña sin explorar la hondura y los motivos de esta disconformidad. Así proceden altos organismos médicos. Lo denominan «terapia positiva». No parece este el proceder más humano ni el más acertado. El Dr. Zucker, autoridad internacional en la materia, defiende que, en el caso de los preadolescentes, es mejor realizar delicadamente un intento de reconciliarles con su sexo físico, aunque admite que en ocasiones tal intento resulta inválido y es preciso atenerse al tratamiento médico usual[17]. Esta ponderada opinión es recibida agresivamente y motejada de «terapia de conversión». Pero, dada la vulnerabilidad y variedad de los preadolescentes, es más razonable. Está avalada por el hecho de que la inmensa mayoría de los niños y niñas que se obstinan en cambiar de sexo, pasada la primera pubertad, se reconcilian con su sexo originario. «Hay que ver, tras de lo que la persona (del niño) expresa, lo que su corazón, de verdad, necesita»[18]. La llamada «terapia positiva», consistente en no poner en cuestión la demanda del niño o niña con síntomas de disforia de género y en pro-

---

[16] A. Shrier, *Un daño irreversible*, Deusto, Barcelona 2021, 194.

[17] «De más de 100 niños a los que había tratado el Dr. Zucker y cuyos padres no habían emprendido la transición (al otro género) el 88 % superaron la disforia», A. Shrier, *op. cit.*, 174.

[18] F. Bueno, *Género, sexo e identidad. Menores transidos por la vulnerabilidad*, San Pablo, Madrid 2021, 113.

ceder sin más a su cambio de sexo es muy criticada por bastantes especialistas[19].

Muy recientemente la transexualidad ha cobrado en países como EE. UU., Inglaterra y Suecia un auge súbito y espectacular. Afecta, sobre todo, a muchachas adolescentes que se pasan en grupo al colectivo de trans. Se habla, no sin motivo, de un verdadero contagio[20]. Es normal en una muchacha adolescente una insatisfacción respecto a determinadas partes de su cuerpo. Estimulada por la onda mediática, interpreta su insatisfacción como una «disforia de sexo» y solicita una intervención médica al menos prematura para su situación. Las clínicas para problemas de género están viéndose atestadas de muchachas con este perfil, hasta tal punto que, si anteriormente eran sensiblemente más numerosos los muchachos que querían convertirse en chicas, hoy la proporción es inversa. La testosterona y la «cirugía superior» son sus instrumentos de «liberación» (?).

Muchos profesionales adheridos al criterio de que hay que asumir acrítica e inmediatamente las demandas de cambio de sexo (y, vale decir, estimulados por los emolumentos que les produce esta riada de pacientes) secundan sus deseos. Bloqueadores y hormonas cruzadas se multiplican. Cien universidades de EE. UU. costean a su alumnado el tratamiento hormonal, y ochenta y siete incluso la operación quirúrgica. No se explica por razones prioritariamente humanitarias el «interés» de grandes capitales e incluso de afamados bufetes de abogados por este modesto porcentaje de pacientes o clientes. No es

---

[19] El Colegio Americano de Pediatras es tajante: «Exhorta a los profesionales de la salud, educadores y legisladores a que rechacen todas las políticas que lleven a los niños a aceptar como normal una transición química al sexo opuesto a través de medios químicos» (citado por J.-F. BRAUNSTEIN, *op. cit.*, 88).

[20] A. SHRIER, *op. cit.*, 21-30.

descabellado pensar que tras ese «interés» puedan cobijarse *intereses* de otro carácter bastante obvio. La industria del cambio de la identidad de género ha pasado en cinco años de un montante de ocho mil millones de euros a más de tres billones.

En los Gobiernos de Inglaterra y Suecia ha sonado ya el timbre de alarma por este imprevisto e impetuoso fenómeno[21]: el porcentaje de solicitantes femeninas adolescentes ha subido exponencialmente. En Inglaterra se han multiplicado por 45. En Suecia estas muchachas que se han sentido súbitamente «transgénero» constituyen el 82% de las pacientes de las clínicas especializadas[22]. En el debate mediático subsiguiente a la reciente «ley trans», representantes del Gobierno español han rebatido esta «alarma de contagio». Aportan un estudio del Hospital de Massachusetts, que, tras haber realizado el seguimiento de más de 100 000 adolescentes, desmienten la teoría del «contagio social» en este ámbito. El 1,6% de los jóvenes que, según este estudio, se consideran trans o de género diverso sería un porcentaje incongruente con una supuesta moda del cambio de sexo. Con todo, el jefe de Psiquiatría Infantil del hospital Gregorio Marañón y expresidente de la Sociedad Española de Psiquiatría sostiene que asistimos a un *boom* de adolescentes que se declaran trans[23].

---

[21] A. ÁLVAREZ: «El gobierno británico ha iniciado una investigación para entender las razones del aumento hasta un 4 500% de niñas que fueron derivadas por médicos a lo que se conoce como [clínicas de] tratamiento de género. También el Consejo de Ética Médica de Suecia está pidiendo precaución en el tratamiento de jóvenes con "disforia de género repentina"», en «Contra el borrado de las mujeres»: *El Diario*, 13 de julio de 2020, 4-7.

[22] Cf. E. ARMESTO, en *La Hora Digital*, 7.III.2021.

[23] J. M. de Prada, en una de sus columnas de *XL Semanal* (9 de octubre de 2021), recuerda que quienes se implican en tratamientos hormonales de esta naturaleza se convierten en «consumidores perpetuos a merced de las empresas farmacéuticas y biomédicas».

Dada la importancia social de la sexualidad para la vida comunitaria, todas las sociedades conocidas han establecido una normativa más estricta o más laxa para regularla. Hoy es convicción bastante común que la normativa que ha estado vigente en la civilización occidental ha sido demasiado estricta. El «prohibido prohibir» de la revolución del 68 era, entre otras cosas, un grito contra esta normativa. Este grito se ha convertido en palabra y en praxis en la época actual, al menos en Occidente. Se pretende «una libertad desvinculada». «El sexo se desentiende de responsabilidades [...] echa por la borda todas las normas, coacciones, modelos y tradiciones»[24].

Los factores enumerados en el capítulo 4 de este libro han preparado la sensibilidad actual. En ella el fenómeno transgénero ha cobrado un incremento muy notable. No sería acertado negar que existe una exigua minoría que necesita un cambio de género. Tampoco nos parece criticable, sin más, que estas personas opten por cambiar de género sin cambiar de sexo, es decir, sin recurrir a la cirugía inferior (genital). Sintonizamos con su exigencia de que sea respetada la «diversidad sexual» más allá de la homosexualidad. Pero es evidente su desatino en aquellos que comparten del todo la mentalidad *queer*.

Las personas transgénero que demandan un cambio sin requisito previo alguno, salvo su propia solicitud, incurren consciente o inconscientemente en postulados inaceptables de la teoría *queer*. El cambio de género, que «convierte» a un hombre en una mujer (o viceversa) no es una banalidad, sino una decisión *existencial* con repercusiones personales y sociales. Una decisión así requiere unas condiciones previas

---

[24]   J. A. MARINA, *El rompecabezas de la sexualidad*, Anagrama, Barcelona 2002, 15.

(atención médica, psicológica, etc.) que deben ser estipuladas por las leyes. El cambio de hombre a mujer o de mujer a hombre no es objeto del puro deseo de la persona. La ausencia de requisitos visibles y comprobables reclamada en la «terapia positiva» que otorga crédito total al demandante de cambio es algo más que una frivolidad negligente. Es un disparate antropológico que minimiza poderosamente la importancia de la diferencia de sexos.

La crítica de la «terapia positiva» debe completarse con la crítica de la «terapia de conversión» que ignora la disforia de algunos adolescentes y se cierra en banda al cambio de sexo y género, incluso en algunos casos indicados y necesarios.

B) *Valoración crítica de la reciente ley trans*

No he podido encontrar estudios sólidos y bien fundados sobre todos los aspectos fundamentales de esta ley. Solo he podido contar con algunas valoraciones parciales. Espero que en un futuro próximo los especialistas completen, precisen o corrijan lo que la lectura personal de la ley y el recurso a las valoraciones antedichas me han dictado.

a) *Algunos rasgos descriptivos*

La llamada ley trans[25] se propone regular en su título II los cambios de sexo y de género practicados por las personas transexuales y «transgénero». Autoriza estos cambios desde los 16 años (art. 38.1). También para los menores entre 14 y 16 (38.2) con el consentimiento de sus representantes lega-

---

[25] Su denominación completa es «Ley 4/2023, de 28 de febrero, para la igualdad real y efectiva de las personas trans y para la garantía de los derechos de las personas LGTBtrans».

les (generalmente los padres o, en su defecto, un defensor judicial). Incluso entre los 12 y los 14: si existe voluntad por parte del sujeto y no se cuenta con el citado consentimiento, un juez dictamina acerca del caso (38.4).

En esta ley son excluidas cautelas y condiciones vinculantes estipuladas por la legislación anterior, por considerarlas «ominosas», puesto que atentan contra la intimidad de las personas solicitantes del cambio. Ya no se requiere ninguna certificación médica o psicológica que prescriba el acceso al cambio. Tampoco ningún tratamiento hormonal ni quirúrgico previo. Estas cautelas desaparecen, al igual que el requisito de la mayoría de edad. No queda otra condición que la comparecencia del solicitante en el Registro Civil y su solicitud firmada. El encargado del Registro le informa de las consecuencias jurídicas del cambio, de los apoyos con que puede contar y de su derecho a revertir al género desechado, pasados los seis meses. Después de tres meses de espera, el encargado del Registro cita al solicitante para que ratifique o rectifique su decisión. Si la ratifica, en el plazo de un mes, se le inscribe en el sexo o género deseado. Es hombre o mujer para todos los efectos. No se le requiere ningún aval médico ni psicológico que garantice la pertinencia de la transición (art. 39).

Tampoco exige la Ley que la persona haya vivido previamente de hecho un lapso suficiente de tiempo según el sexo deseado. La voluntad del sujeto es instancia necesaria y suficiente para que el cambio solicitado tenga fuerza legal.

b) *Algunas reflexiones valorativas*

– Los motivos expuestos en la ley trans

Una valoración justa y equitativa de la Ley comporta considerar seriamente los motivos que el Gobierno aduce para justificarla. Aparecen formulados en la exposición de motivos con la que comienza inicia el texto legal. Una vez aprobada la Ley, se expresa en las declaraciones públicas de autoridades implicadas especialmente en su gestación. Recogemos los argumentos más destacados en la exposición de motivos (I y III):

- La Ley «recoge una demanda histórica de las Asociaciones LGTBI» durante décadas.
- «Entiende la diversidad (sexual) como un valor».
- «Asegura la cohesión social» prohibiendo la «no discriminación» avalada por la Declaración Universal de los Derechos Humanos en el art. 2.
- La Organización Mundial de la Salud (OMS) «eliminó (en 2018) la transexualidad del capítulo sobre trastornos mentales y del comportamiento». Si no es enfermedad, no necesita de ningún aval médico o psicológico previo.
- El Tribunal Europeo de Derechos Humanos insta a llevar a efecto el cambio en el registro civil «sin sufrir procedimientos médicos tales como la operación de reasignación de sexo o una terapia hormonal».
- El cambio de género en el registro tiene su fundamento «en el principio de libre desarrollo de su personalidad» y en el «derecho fundamental a la intimidad personal». Ellos permiten a la persona» adoptar decisiones con eficacia jurídica sobre su identidad».
- La Ley 13/2007 reconoció ya la necesidad de modificar la identidad en el Registro «sin procedimiento quirúrgico y sin procedimiento judicial previo»
- Las sucesivas determinaciones judiciales han ido ampliando los derechos de los trans. La ley trans es un salto cualitativo.

- Los niveles de discriminación aún existentes en España en el ámbito laboral, sanitario y educativo y las dificultades padecidas en ellos son altos.
- «La Ley se justifica en la conveniencia para el interés general de garantizar el derecho a la igualdad real y efectiva de las personas trans».

A la secuencia de motivos aducidos por la Ley más arriba formulada, es preciso añadir la defensa pública de los postulados que han sido más criticados.

- La Ley arbitra disposiciones para evitar los fraudes de ley.
- Se ampara en recomendaciones de la ONU que aboga por métodos «rápidos, transparentes y accesibles». Asimismo, en la Comisión Europea, contraria a «restricciones de edad».
- No empuja a los menores a hormonarse. Un trans puede cambiar de género sin hacer uso de hormonas.
- No existe ningún *boom* de casos trans producido por un contagio psicológico.
- La Ley no se inmiscuye en los criterios de federaciones deportivas acusadas de discriminación por admitir en competiciones deportivas de mujeres a personas que han transitado del género masculino al femenino. Poseen una biología más poderosa por haberse desarrollado como hombres antes de la transición; «juegan, pues, con ventaja» en las competiciones femeninas. Igualmente la Ley se abstiene de modificar la praxis seguida en las prisiones femeninas respecto de la admisión de mujeres transgénero no operadas y, por tanto, poseedoras de órganos sexuales masculinos.

– Mis valoraciones críticas

A lo largo del libro se han deslizado unas pocas valoraciones. A ellas añado las siguientes. La Ley señala en varios pasajes que su propósito es salvaguardar «la intimidad» y «el libre desarrollo de la personalidad» de las personas trans (exposición de motivos). Es más que discutible esta afirmación, al menos tratándose de menores preadolescentes. Más bien el cambio de sexo o género supone para ellos «una pesada carga de autodeterminación»[26].

La Ley hace suya la convicción (que más arriba hemos desechado) de que la identidad de un hombre o de una mujer depende exclusivamente de que «se sienta» hombre o mujer. Se desentiende de otras dimensiones que son esenciales para la identidad.

Se basa, asimismo, en la declaración de la Organización Mundial de la Salud (OMS) publicada en el año 2018 que dejaba de considerar la transexualidad como una enfermedad. Pero el caso es que son necesarias atenciones médicas y fármacos para intentar tratarla. Esta es la paradoja.

Establece el autodiagnóstico, sin tratamiento ni certificación de los especialistas, como condición suficiente para que la Seguridad Social se haga cargo de los cuidados terapéuticos correspondientes. Uno no puede autodeterminarse sin más como ciudadano de un país deseado o autodiagnosticarse como persona con discapacidad y pasar así, automáticamente, a tener los mismos derechos que le otorgan la nacionalidad y la discapacidad. Pero en el caso de los trans la ley se los reconoce.

El tratamiento hormonal y quirúrgico, requerido por los transexuales, está contraindicado para los niños en varios

---

[26] Cf. Conferencia Episcopal Escandinava, citada en la pág. 102.

países avanzados como Suecia, Reino Unido o Finlandia, que han prohibido la hormonación infantil. Nuestra legislación hace posible que niños y niñas de doce años reciban este tratamiento. No lo prescribe, pero tampoco lo prohíbe.

El hecho de que la Ley sintonice en sus disposiciones con la llamada «terapia positiva», que otorga, sin más, credibilidad total al testimonio de los que solicitan el cambio, se presta a que bastantes solicitantes sean sometidos precipitadamente a operaciones dolorosas de efectos a veces irreversibles, en el caso de los transexuales. Existe, en efecto, en un número apreciable de especialistas de muy alta calidad[27] un fuerte reparo ante esta sedicente «terapia positiva». Sin recaer en «terapias de conversión» orientadas a hacerles persistir forzadamente en el género no deseado, consideran que transexualidad y transgénero delatan problemas existenciales que requieren de entrada otro tratamiento diferente. No rechazan el tratamiento hormonal y terapéutico en situaciones extremas, tras haber ensayado previamente otras terapias, según ellos más razonables y menos drásticas. No parece de recibo que la Ley las despache de raíz y profese un «pensamiento único». Tal proceder predispone a que determinados disentimientos respecto de él sean considerados «homófobos» y como tales puedan ser sancionados.

– La Confluencia Movimiento Feminista

La Confluencia Movimiento Feminista, que agrupa en España a un gran número de miembros, es también extremadamente crítica con esta Ley y formula hasta siete razones para detes-

---

[27]   T. Szasz y K. Zucker, citados por J.-F. Braunstein (*op. cit.*, 282 y 284). A. Shrier dedica un capítulo de su libro a exponer sobre este punto el pensamiento crítico de psiquiatras, psicoterapeutas y psicólogos de renombre (*op. cit.*, 173-192).

tarla[28]. Son muy sensibles al hecho de que ella abra las puertas a un posible fraude de ley, en virtud del cual personas que hayan obtenido el cambio sin ningún requisito anterior lo hagan por intereses ajenos a dicho cambio[29]. Muestra también una razonable preocupación por el hecho de que en las escuelas sean profesores previamente mentalizados los encargados de detectar en los niños y niñas indicadores de crisis de identidad masculina o femenina. «Que un niño juegue con muñecas no lo convierte en una niña. Que una niña juegue al fútbol no la convierte en un niño»[30]. Añaden otras objeciones a esta Ley. Tal vez la principal consiste en que sin ningún requisito médico o psicológico se pueda acceder al género deseado.

En suma, «en ningún país, de los casi doscientos que hay en el mundo, existe un derecho a cambiar de sexo a los 16 años por propia voluntad» (Luis del Val).

«¿Cómo puede afirmarse por un lado (y con razón) que un niño de menos de 15 años nunca es consentidor de una relación sexual con un adulto y considerar por otro lado que es lo bastante maduro (o sea, consentidor) como para decidir por sí mismo que debe realizar esta "transición"?»[31].

---

[28] Cf. las declaraciones de Sonia Gómez, portavoz de la Confluencia Movimiento Feminista, a *Libertad Digital* el 28 de junio de 2022 («Las feministas denuncian que la ley Trans es una "aberración" que "viola los derechos de las mujeres y de la infancia"»). Aunque publicado antes de la presentación del proyecto de ley trans a la Cámara Legislativa, resulta de interés el escrito, ya citado (pág. 64, nota 13), que señala algunos puntos críticos de la futura ley.

[29] A. Fernández Candial en *La Vanguardia*, 5.II.2021.

[30] S. León en *Libertad Digital*, 29.VI.2021.

[31] É. Roudinesco, *El yo soberano. Ensayo sobre las derivas identitarias* [título orig. fr.: *Soi-même comme un roi. Essai sur les dérives identitaires*], Debate, Barcelona 2023, 48. Es útil leer todo el capítulo 2 (pp. 25-58). La autora es directora de Investigaciones de la Universidad de París VII.

C) *Las nuevas concepciones de género ¿son una ideología?*

Para responder a esta pregunta es necesario precisar el sentido que asignamos a este término polisémico. En un sentido lato y popular, *ideología* es un sistema de pensamiento profesado por una persona, un grupo, una institución. Prescinde totalmente de la rectitud, las deficiencias, los intereses que pudieran albergarse en él. Es evidente que, en este sentido, las nuevas concepciones del género son, como tantos otros sistemas, una ideología.

En un sentido más estricto, delimitado por la psicosociología, una ideología es una postura fundamentada que propone una concepción sobre uno o varios aspectos importantes de la realidad global y un programa de acción para hacer valer en la sociedad su punto de vista. También en este sentido, la concepción del género es una ideología.

Hay un tercer sentido, reconocido por muchos especialistas, que comporta una dimensión *peyorativa* del término *ideología*. Este nombre señalaría entonces un interés particular y corporativista que subyace en el fondo de la concepción y del programa práctico vinculados a ella. Estos serían sus caracteres:

- Obedece a los intereses y al egoísmo grupal de sus adeptos en lugar de responder a una búsqueda del bien común.
- Es dogmático: impone afirmaciones irrefutables que no pueden ser comprobadas por vías racionales.
- Está vinculado al proselitismo, a la propaganda y al adoctrinamiento.
- Tiene razones que explican e incluso justifican sus fracasos sociales.

¿Tienen las teorías de género estas características? Es justo reconocer que muchas de las ideologías de cualquier índole contienen, junto a afirmaciones y prácticas legítimas y sanas, adherencias de carácter precientífico ingenuo o solapado. También las encontramos en la mentalidad tradicional. Pero no por eso la calificamos sin más como ideología. Estimo que, sobre todo, la versión última de género incluye bastantes de estas adherencias. Considero, con todo, que no es procedente calificar de ideología las versiones anteriores y me inclino por utilizar esta calificación con mucha sobriedad incluso cuando nos refiramos a las versiones más extremas del género. Es una palabra que cierra vías a un posible diálogo.

4. Posición de la más reciente teoría sobre el matrimonio y la familia

La teoría de género, en su versión más actual, ha contribuido a crear en una parte de la sociedad una mentalidad y una sensibilidad que afecta seriamente los conceptos de matrimonio y familia, hasta ahora intocables. Ha ensanchado ampliamente el concepto de estas dos instituciones bien arraigadas. La legislación se ha encargado de conferir entidad jurídica a otras formas de unión alternativas y equipararlas al matrimonio clásico.

a) *Uniones de hecho*

A lo largo de los últimos decenios ha crecido muy notablemente el número de parejas de hombre y mujer que conviven «como esposos» sin haber accedido al matrimonio civil ni al canónico. Consideran que su vida sexual y la formación de la pareja es un hecho *privado* respecto del cual ni la autoridad civil ni la eclesiástica (en el caso de los creyentes) tienen nada que decir. Muchas de estas parejas desean tener hijos y los procrean. Con una coherencia no fácilmente comprensible, reclaman del Estado que su unión privada sea legalizada y también equiparada al matrimonio civil clásico. Demandan que su unión sea considerada legal y socialmente como una de las formas legítimas de matrimonio. A pesar de este reconocimiento legal, tal unión puede deshacerse unilateralmente. La pareja se compromete (o no) privadamente a la fidelidad mutua.

El Estado responde positivamente a su demanda. Al hacerlo transforma notablemente el concepto mismo del matrimonio hasta ahora vigente: unión estable y pública de un hombre y una mujer celebrada ante la autoridad competente, que no puede disolverse hasta que la autoridad ratifique su divorcio. Tal estado de vida comporta unos derechos y unas obligaciones ante la sociedad. El Estado se compromete a garantizar su cumplimiento.

¿Cómo valorar estas uniones? ¿Se pueden legalizar? ¿Se deben desestimar?

a) Por razón de su existencia generalizada y de los males que pueden seguirse de no prestarles atención o de prohibirlas legalmente, el legislador civil no solo actúa rectamente al no *penalizar* este tipo de uniones, sino que puede darles *una regulación*[32] en virtud de la cual estas parejas tengan acceso a derechos públicos como ampararse en la legislación ordinaria vigente para regular «responsabilidades paterno-filiales, régimen patrimonial, derecho de ambos a la vivienda común, liquidación del patrimonio acumulado durante la

---

[32] J. M. Díez Moreno, «Las familias de hecho: Aproximación a su vertiente jurídica y ética»: *Razón y Fe* 236, 1185-1186 (1997), 33-54, en pág. 51.

unión (en caso de separación), posibles responsabilidades de uno de los dos en la ruptura de la unión»[33].

Esta regulación «puede venir aconsejada y hasta *exigida* por el bien común y por el justo orden público en una adecuada aplicación de los principios de libertad y de la seguridad pública»[34]. Ha de evitar, sobre todo, la desprotección de los hijos nacidos de estas uniones.

b) No es razonable la *equiparación legal* de estas uniones con el matrimonio civil, que lleva consigo el acuerdo público y recíproco de estabilidad mutua dentro de la pareja y el compromiso de contribuir al bien social. Las uniones de hecho no admiten estos compromisos. No reconocen la naturaleza pública de dicha unión. «Creemos que es un error *equiparar* el matrimonio con otro tipo de uniones que no llevan consigo el compromiso público, libremente asumido, de estabilidad permanente y otras determinadas obligaciones que se derivan de ese compromiso [...] Si el legislador los llega a equiparar jurídicamente, no se vería libre de [...] discriminar ante la ley a quienes contrajeron libremente el matrimonio y aceptaron un conjunto de derechos y deberes que escapan de su personal autonomía»[35].

b)   *Las uniones de parejas del mismo sexo*

En el caso de las parejas del mismo sexo (de gais y de lesbianas) el discernimiento es más severo desde una perspectiva antropológica sensata. Si existe una diferencia notable entre las uniones de hecho heterosexuales y el matrimonio, es to-

---

[33]   *Ibid.*, 41.
[34]   *Ibid.*, 51.
[35]   *Ibid.*, 50.

davía sensiblemente mayor la distancia entre el matrimonio y las uniones de parejas del mismo sexo.

«No se trata de establecer ninguna discriminación basada en prejuicios [...] sociales, sino sencillamente de reconocer un *hecho diferencial* establecido por la misma naturaleza. El matrimonio es –lo ha sido siempre en todos los contextos culturales– una unión *esencialmente heterosexual,* fundada en la misma configuración y estructura de la persona sexuada»[36]. El desafío consiste en compaginar la igualdad de todos ante la ley con la necesidad de que la ley defina de diferente manera realidades diferentes[37]. La ley de parejas del mismo sexo no reconoce tal desafío y considera a estas uniones una forma legítima de matrimonio[38].

Es pertinente, sin embargo, arbitrar *una regulación* oficial relativa a este colectivo verdaderamente humano y numéricamente no tan exiguo. Una pareja homosexual estable es preferible a una relación crónicamente promiscua. Es, por tanto, más saludable para ellos y ellas y para todos que exista una regulación oficial que resulte motivadora para formar pareja y perseverar en ella. «En todo caso, la legislación de estas uniones no debería sobrepasar la determinación de los efectos jurídicos que de ella se derivan»[39].

---

[36]   *Ibid.,* 52.

[37]   X. Lacroix, «En torno al "matrimonio homosexual"»: *Razón y Fe* 251, 1276 (2005), 173-186, pág. 181.

[38]   En la página 15 de este trabajo tomamos la opción de no tratar la temática y problemática de la homosexualidad por considerarla diferente de la del género. En coherencia con esta opción, al tratar de las uniones de personas del mismo sexo, ponemos el acento en la naturaleza de la *unión,* no en su homosexualidad. Esta unión es diferente de la de un hombre y una mujer. Lo que es diferente debe ser tratado como diferente.

[39]   M. Vidal, *Orientaciones éticas para tiempos inciertos*, Desclée, Bilbao 2007, 316.

«Una vida de pareja presidida por el amor y la mutua fidelidad puede ser la fórmula real posible de humanidad. Esta fidelidad no es posible en muchas parejas homosexuales, que son parejas muy volátiles»[40]. Pero otras no lo son.

c) *Uniones del mismo sexo y adopción*

Parejas de homosexuales masculinos reivindican para sí el «derecho a la adopción». Lo consideran un derecho humano fundamental al que son acreedores por ser humanos. Negarles la posibilidad de formar familia con hijos adoptados u obtenidos por diversas formas de inseminación artificial les parece injusto e inhumano. Para ellos el núcleo de la paternidad y de la maternidad es el «vínculo afectivo» que se crea entre los adoptantes y los adoptados. La generación biológica y la diferencia de sexo en la pareja es irrelevante, hasta el punto de que es mejor prescindir de los nombres *padre* y *madre* y sustituirlos por otros más neutros.

Según encuestas realizadas en Norteamérica, los niños adoptados y educados por una pareja homosexual no tienen más problemas psíquicos que los nacidos de padres llamados «heterosexuales». La cuestión está en debate. Para unos, estas encuestas «van a misa». Son serias y rigurosas. Otros afirman que «son pocos los que se han tomado la molestia de verificar la seriedad de las tan traídas y llevadas encuestas norteamericanas. Los que lo han hecho han quedado aterrados por su total falta de credibilidad científica»[41]. Valoraciones críticas de estas encuestas se ha publicado en las revistas *Études* y *Esprit*. A la luz de los testimonios aducidos, no parece existir, tampoco en este punto, un consenso suficiente.

---

[40] Vico, «Misericordia en los juicios...», art. cit.
[41] X. Lacroix, «En torno al "matrimonio homosexual"», art. cit., 182.

En realidad, la cuestión clave es esta otra: ¿cuáles son las condiciones más favorables para que el niño-a desarrolle todas las dimensiones de su condición humana? Entre estas dimensiones figura la adquisición de su identidad sexuada («soy chico» o «soy chica») y de su orientación sexual («me atraen las personas de mi propio sexo o las del sexo diferente»). Numerosos y competentes estudios reconocen la gran relevancia de las imágenes paterna y materna en la configuración de la personalidad del nuevo ser y la gran importancia de que este posea en su ámbito más cercano un progenitor que le sirva de modelo de identificación y otro que le proporcione el modelo de complementación[42]. Es claro que los derechos del niño a recibir «lo mejor» anteceden a los «derechos» de una pareja a adoptar un hijo. En opinión del cardenal Martini, con la que me identifico, «lo mejor» para un niño o niña es «una familia formada por un hombre y una mujer que tengan sabiduría y madurez para hacer crecer al niño desde todos los puntos de vista. A falta de esto, es obvio que otras personas, en algunos casos incluso solteras, podrían ofrecer algunas garantías esenciales [...]. [Procede] asegurar el máximo de condiciones favorables concretamente posibles [...]. Cuando se dé la posibilidad de elegir, es preciso elegir lo mejor»[43]. Porque los niños no vienen al mundo para responder a las necesidades y deseos de los adultos[44].

Es claro que lo peor para el niño o niña es el total abandono parental. Antes que esta desgracia es, sin duda, preferible la adopción por parte de una pareja homosexual estable y unida. Pero hay opciones claramente preferenciales.

---

[42] X. Lacroix, *In principio, la differenza. Omosessualità, matrimonio, adozione*, Vita e Pensiero, Milano 2006.

[43] C. M. Martini, «Dialogo sulla vita», *L'Espresso*, 27.IV.2006, 52-61.

[44] X. Lacroix, «En torno al "matrimonio homosexual"», 181.

5. Anotaciones a la posición de la Iglesia

Hemos indicado que no es correcto, en la confrontación de las teorías acerca de la relación sexo-género, identificar a la Iglesia católica con uno de los dos polos contrapuestos. Corresponde, sin embargo, a un escrito como este no omitir unas consideraciones acerca de sus postulados.

Como en las otras secciones de este libro, nos ceñiremos estrictamente a su tema central. No podemos asomarnos al amplio campo de la sexualidad en sus múltiples formas y menos aún a su dimensión moral.

Soy consciente de que no solo en la problemática sexo-género existen cuentas pendientes entre la Iglesia y una buena parte de la sociedad, sobre todo occidental. Hay fricciones entre su rigor y las leyes y costumbres de un elevado porcentaje de nuestra sociedad que tiende a una libertad y diversidad mucho mayor e incluso total.

La enseñanza moral de la Iglesia sobre numerosas cuestiones relativas a la sexualidad está bastante desprestigiada. Una porción nada desdeñable de los creyentes católicos encuentra serias dificultades no solo para cumplirla, sino también para aceptarla en bastantes puntos. Es frecuente oír de boca de expertos que la teología moral católica es la sección que menos se ha actualizado en el posconcilio. Muchas atinadas consideraciones eclesiales han sido desechadas. A veces por sensibilidades muy lejanas de la Iglesia. Otras, tal vez, por una formulación más categórica que dialogante por parte de ella.

Todos estos factores dificultan el deseable diálogo entre el pensamiento del magisterio eclesial y las corrientes actuales respecto del género y de la identidad humana. Tal vez otro factor acrecienta la dificultad: la mujer está secularmente excluida del ministerio sacerdotal, al cual se adscribe principalmente la autoridad en la Iglesia.

Esta exclusión fue confirmada y declarada *definitiva*[45] por el papa Juan Pablo II, que declaró no sentirse autorizado para cambiar en este punto la posición eclesial[46]. Los argumentos aducidos resultan prácticamente incomprensibles para las personas que mantienen las posturas extremas descritas más adelante (págs. 169-171). La posición de la Iglesia en este punto es considerada por ellas como un importante signo de la desigual valoración del hombre y de la mujer.

No podemos, por otro lado, los creyentes olvidar que también en este tema la enseñanza católica encierra algunos criterios, motivos y patrones de conducta solo asumibles desde la fe. No pueden exponerse como vinculantes para los no creyentes. Con todo, cuando uno se acerca al mensaje cristiano sobre la sexualidad y, en este caso, a una de sus dimensiones, descubre en él enunciados de gran valor no solo religioso, sino también civil. Recojamos los más relevantes.

a) *Aportaciones humanizadoras*

Para ser precisos y ponderados, habríamos de diferenciar aquellas aportaciones que la Iglesia defiende con todo vigor (porque estima que están vinculadas al núcleo mismo de su mensaje sobre el ser humano) de aquellas otras que, ante el avance científico y la sana evolución social, ha ido progresivamente considerando compatibles con la visión cristiana del hombre y saludables para las personas y la sociedad. Procuraré registrar esta distancia al describir cada una de las afirmaciones.

---

[45] JUAN PABLO II, carta apostólica *Ordinatio sacerdotalis* (mayo de 1994).

[46] «En virtud de mi ministerio [...] declaro que la Iglesia no tiene en modo alguno la facultad de conferir la ordenación sacerdotal a las mujeres y que este dictamen debe ser considerado como definitivo por todos los fieles de la Iglesia» (nro. 4).

- La Iglesia ha reconocido siempre la *igual dignidad del hombre y de la mujer* como hijos e hijas de Dios. Ha ido reconociendo progresivamente que esta igual dignidad teológica reclama una igualdad no solo formal, sino real: todos los verdaderos derechos humanos son patrimonio no solo del hombre, sino también de la mujer.
- El pensamiento cristiano sostiene desde los orígenes la *distinción* existente entre el hombre y la mujer. Ha ido comprendiendo cada vez mejor que distinción no significa desigualdad (ni inferioridad ni superioridad) y que igualdad no significa identidad o confusión de sexos. «Igualdad no es indiferenciación [*sameness*] y diferencia no es desigualdad [*inequality*]» (Secretaría de Estado 2010). Entre el hombre y la mujer se conjugan la *equality* y la *diversity*.
- Con palabras e ideas propias de cada tiempo, una constante ha presidido el pensamiento eclesial: el cuerpo sexuado del hombre y el de la mujer *son diferentes, pero recíprocos*; hechos para unirse el uno con el otro. Pero los portadores de uno u otro cuerpo no son dos esencias diferentes. Pertenecen al mismo género humano. Son personas humanas. Son una *única especie*.
- Desde siempre la tradición cristiana ha sostenido, con el resto de la tradición secular, que el cuerpo sexuado del hombre y de la mujer es algo *anterior*, previo a su condición psicológica y sociológica. Cuando esta doble condición comenzó a ser considerada como pura «construcción» histórica y cultural, independientemente del cuerpo sexuado, la Iglesia adoptó una actitud de severa reserva crítica ante esta construcción (ante el género). Fue progresivamente reconociendo en el ser humano el sexo y el *género*. Pero mantiene con todo fundamento que el sexo es el componente originario, aunque no úni-

co, de la identidad masculina y femenina. Admite que el género es un aporte también sustancial a dicha identidad diferenciada.

- La posición eclesial se muestra frontalmente contraria a la versión más reciente de los «estudios de género» que reduce la identidad sexual de una persona a «sentirse hombre» o «sentirse mujer». Esta reducción le parece, con toda razón, inaceptable y carente de sensatez. Con todo, no rechaza que este sentimiento o percepción sea también un componente necesario de la identidad masculina o femenina.

- Mantiene la Iglesia el «binarismo sexual»: existen dos sexos biológicos propiamente tales, el masculino y el femenino. Los exiguos casos llamados «casos intersexuales» no son considerados como sexos diferentes. La bisexualidad es, en el mejor de los casos, una doble orientación sexual, no un sexo diferente.

- Aunque mantiene la diferencia del sexo biológico en los géneros masculino y femenino, reconoce que esta influencia diferenciada es *mucho menor y de signo diferente* que la asignada en épocas anteriores. Los hombres y mujeres no son tan diferentes como se creía antaño, ni en sus cualidades ni en sus capacidades.

- Puesto que los sexos biológicos están orientados el uno al otro, la heterosexualidad es, para la Iglesia, la *norma general y connatural* de la orientación sexual. Admite, sin embargo, la afirmación científica de que ciertas alteraciones prenatales e influencias culturales inducen en un número minoritario, pero apreciable, una orientación sexual diferente. No la califica como una perversión.

- La alta estima del amor en el encuentro matrimonial no siempre fue acompañada de análogo aprecio de la sexualidad inherente a dicho encuentro. Fue estimada como algo tolerable, pero de baja calidad antropológica. Hoy se le reconoce una *calidad notablemente mayor* (GS 41). No solo es algo tolerable, sino deseable.

- La enseñanza de la Iglesia reconoce en el matrimonio de un hombre con una mujer una alta connaturalidad y una gran aportación a la sociedad que no encuentra, al menos en el mismo grado, en las uniones de hecho. En consecuencia, sostiene que tales uniones (particularmente las homosexuales) no deben equipararse legalmente con el matrimonio. Asume, con todo, que *se regulen los efectos civiles* derivados de tales uniones.

- Ante un ambiente escasamente natalista de nuestra sociedad, la Iglesia afirma categórica y reiteradamente que *la procreación es una finalidad esencial*, junto a otros fines, también esenciales, de esta institución. Alienta a toda la sociedad a crear las condiciones materiales y ambientales más favorables para el ejercicio de este noble quehacer.

- Contempla con preocupación la actual depreciación de la maternidad en la cultura occidental. Considera este fenómeno como un empobrecimiento, sobre todo, de la mujer. La maternidad es fuente de sentido, de maduración, de motivación, de generosidad y de gozo inefable para la vida. La Iglesia percibe esta depreciación como uno de los factores que contribuyen al elevado índice de «paro generativo» e «invierno natal», cuyas consecuencias son *altamente negativas* para el presente y el futuro de nuestra sociedad.

- En tiempos en los que se tiende a avanzar por la vía del libertarismo sexual, creo que la Iglesia puede y debe prestar a nuestra sociedad un impagable servicio. «Existe en el Evangelio una "utopía sexual" (como existe una utopía social) que responde a la mejor calidad del ser humano y que el mundo moderno desconoce. La dimensión más honda del amor, siendo plenamente sexual, no es solo genital: el amor tiene una capacidad de saciedad, de plenitud y profundidad conocida por pocos, que es un regalo. Pero un regalo que hay que saber buscar. Por desconocer esta dimensión no se comprenden hoy las pretensiones de totalidad, fidelidad y perennidad. Y, sin embargo, esa dificultad se intuye siempre porque la sexualidad lleva dentro "algo" y apunta a ese algo más, aunque se le haya separado de él» (J. I. González Faus).

La Iglesia presta un servicio inestimable a la sociedad proponiendo respetuosamente este ideal (el único que nos acerca a la plenitud). Naturalmente, como todo lo humanamente valioso, tiene un precio muy alto. Postula respeto exquisito de la pareja, autocontrol de impulsos frecuentemente muy vigorosos y resistencia ante su urgencia apremiante e inmediatista. Demanda también de la Iglesia la comprensión de que las urgencias económicas de muchas parejas y la misma estructura laboral a la que están sometidas dificultan mucho el sosiego y la paz necesarias para vivir en condiciones favorables una intimidad sexual de calidad. Este es un ámbito en el que es difícil calibrar hasta dónde llega la libertad humana. Varios documentos eclesiales aconsejan una exquisita cautela a la hora de calibrar moralmente ciertas conductas. «Exigir no es condenar; es intentar sacar lo mejor del otro en lugar de lanzarle a la angustia de la propia impotencia» (*ibid.*).

b) *Posiciones mejorables*

Tras evocar estas tesis impregnadas de humanismo y compartidas por una parte notable de nuestra sociedad, me parece honesto y necesario fijar nuestra atención en otras afirmaciones del magisterio eclesial más discutidas. No pertenecen al núcleo dogmático de la fe católica, pero sí a la enseñanza magisterial. Mi comunión neta y firme con la Iglesia me motiva a formularlas respetuosamente y a someterlas a su consideración con espíritu libre y fiel al mismo tiempo. Me anima a ello el hondo deseo de que su pensamiento sea depurado de adherencias impropias heredadas de otros tiempos o formuladas en términos reactivos ante fenómenos nuevos y preocupantes. Pueden a veces estar expresadas en un estilo más categórico que dialogante.

- La lectura de la mayoría de los textos magisteriales[47] relativos al género produce la impresión de un *rechazo frontal en todas sus versiones*. ¿Merecen la misma calificación las teorías del género de la primera mitad del siglo XX que las formuladas en sus últimos decenios y en los primeros del siglo XXI? Ciertamente, también las primeras contienen errores y excesos, pero no del calibre que las segundas. A pesar de tales deficiencias, ¿no habría que reconocer a las primeras formulaciones los resultados positivos obtenidos por ellas como instrumentos de investigación? Gracias a ellas, ¿no hemos ahondado en el descubrimiento de la injusta inferioridad atribuida a la mujer?, ¿no hemos conocido mejor sus causas y consecuencias y las vías para reparar situaciones de injusticia?
- Cuesta digerir que «existan ámbitos en los que no es discriminación injusta tener en cuenta la *tendencia* sexual»[48] para excluir a los homosexuales del ejercicio

---

[47] No así las declaraciones citadas anteriormente (págs. 98-99) ni el texto de *Amoris laetitia*.

[48] Congregación para la Doctrina de la Fe, *Carta a los obispos de la Iglesia católica sobre la atención pastoral a las personas homosexuales* (1986).

de ciertas profesiones (profesorado, servicio militar, etc.). En el elenco de derechos humanos (art. 23.1) leemos: «Toda persona tiene derecho al *trabajo*, a la *libre elección* de su trabajo, a condiciones equitativas y satisfactorias de trabajo y a la protección contra el desempleo». Los derechos humanos son naturales, inviolables, inalienables y universales[49]. Son propios de toda persona humana precisamente *por ser persona humana*. ¿Pueden limitarse por razón de su *tendencia* sexual? Otra cosa sería si el *comportamiento* abusivo lo corroborara. ¿Puede recortárseles por su tendencia un auténtico derecho humano?

– Genera reparos en bastantes personas una expresión que se repite en algunos documentos eclesiales: «*La tendencia homosexual es un desorden objetivo*». Es cierto que estos escritos excluyen claramente que la tendencia sea pecado. Pero no es irrelevante recordar que autoridades competentes (OMS) e instituciones de prestigio internacional (APA) han declarado lo contrario y la controversia entre científicos se va decantando en la misma dirección. ¿Corresponde a la Iglesia definirse en un asunto que parece competencia de la medicina y de la psiquiatría? La expresión magisterial sería asumible si se la interpretara como en su día lo hizo el cardenal Hume en su calidad de presidente de la Conferencia Episcopal de Inglaterra: «*Desorden objetivo* significa una inclinación que se aparta de lo que generalmente es considerado como la norma»[50].

---

[49] L. GONZÁLEZ-CARVAJAL, *Entre la utopía y la realidad*, Sal Terrae, Santander 1998, 44-46.

[50] Léase el texto entero en *Documentation Catholique* del 7.V.1995, 404-405.

Tal vez ¿no sería aún mejor prescindir de esta expresión eclesial que suscita rechazo agresivo en muchos homosexuales?

– No es de recibo equiparar con el matrimonio civil o eclesiástico una unión de hecho que por principio se considera a sí misma privada y exenta de la intervención regulada de la sociedad y de la ley. Pero en una sociedad plural y democrática en la que parte de la ciudadanía está de acuerdo, en la teoría y en la práctica, con estas uniones, ¿no sería razonable reconocer explícitamente que la ley puede e incluso debe regular, si no la misma unión, sí los *efectos civiles* que derivan de ella cuando así lo postula el bien común social? No conozco ningún texto del magisterio romano que explicite este reconocimiento.

– ¿Se puede calificar de «corrupta» y, por tanto, inválida la ley de uniones de hecho homosexuales en una sociedad plural y democrática?

– Dado que «el matrimonio es –lo ha sido siempre en todos los contextos culturales– una unión *esencialmente heterosexual*, fundada en la misma configuración y estructura de la persona sexuada», equiparar la unión de hecho *homosexual* con el matrimonio estrictamente antropológico es [...] un equívoco lamentable»[51]. Esta es la posición eclesial.

Desde esta posición firme, expertos autorizados[52] distinguen diversos niveles y los disciernen diferentemente. Proponen esta graduación:

---

[51] J. M. Díez Moreno, *op. cit.*, 52.
[52] M. Vidal, *Orientaciones éticas para tiempos inciertos*, Desclée, Bilbao 2007, 316-318.

- No es admisible la *equiparación jurídica* de estas uniones con el matrimonio.
- Tampoco la *adopción* y el uso de técnicas de reproducción asistida.
- «Desde el punto de vista de una *ética civil*, parece más conveniente que exista una *regulación* de las uniones homosexuales que dejar tales relaciones al albur de la libertad de las personas, algunas de las cuales se sentirían, en bastantes casos, injustamente desprotegidas social y jurídicamente. En todo caso, la legislación [...] no debería sobrepasar la determinación de los efectos jurídicos que de ellas se derivan»[53].

---

[53] *Ibid.*, 316.

PARTE OPERATIVA

7

Una posición activa y abierta ante el debate acerca del sexo y el género

La cuestión que nos está ocupando en este trabajo no es baladí. En ella se ventilan antropologías diferentes. Entre estas, las dos extremas están muy confrontadas. (Hay otras más moderadas). El futuro de la humanidad no sería idéntico según fuera una u otra la que se impusiera como poderosa y muy mayoritariamente predominante en la mentalidad ambiental y en las leyes.

La consideración precedente nos sitúa al resguardo de afirmaciones impregnadas de dogmatismo[1]. Pero no nos dispensa de buscar un conjunto de convicciones que, analizados los datos que poseemos, nos parezcan los más cercanos a la verdad y adherirnos a él. Entre estas convicciones descartamos de entrada, tras el recorrido realizado a lo largo de este libro, la concepción «fixista» que se adhiere de cuerpo *entero* al sistema de pensamiento del pasado y la reciente concepción *presentista y dogmática* que hace tabla rasa de él.

---

[1]   «Entiendo por dogmatismo el mantenimiento de una creencia aunque los hechos la desmientan» (J. A. MARINA, *op. cit.*, 207).

Dentro de este marco central se sitúan las pautas operativas que esbozamos a continuación.

1. Exponer un discernimiento crítico de la mentalidad que ha estado secularmente vigente

Formulamos este discernimiento en las páginas 107-113 de este trabajo. Es necesario *darlo a conocer*. Un grupo, probablemente decreciente, se aferra en cuerpo y alma a todo el viejo sistema heredado e introyectado. Esta posición es certera en varias de sus tesis, pero es ajena a convicciones hoy probadas. Es preciso contribuir a la desaparición de esta adhesión en bloque. Tal contribución reclama la difusión del discernimiento realizado, distinguiendo cuidadosamente las verdades y los errores contenidos en ella.

Una correcta realización de esta tarea requiere una purificación previa de los sentimientos, actitudes y comportamientos de quienes hemos sido educados en la mentalidad tradicional. Es posible que aniden también en personas que profesan una visión teórica renovada y crítica respecto de ella. Se puede afirmar una teoría sensata y albergar al mismo tiempo sentimientos y modos de comportamiento anacrónicos e incoherentes con la posición mental. Son, por ejemplo, turbadoras algunas encuestas realizadas entre jóvenes. Si les preguntamos por su pensamiento, comulgarán con posiciones netamente feministas. Si la pregunta se refiere a sus actitudes y comportamientos prácticos, un buen porcentaje de muchachos muestran un machismo inaudito y –he aquí la sorpresa– otro porcentaje no exiguo de muchachas sintoniza con la opción de los muchachos. Ayudar a unos y otras a interiorizar la igual dignidad y los iguales derechos humanos se revela inaplazable. La muchacha ha de infundir respeto en el muchacho. Y este ha de suscitar confianza, sentimiento de seguridad en las muchachas.

2. Reconocer abiertamente los progresos favorecidos por la utilización de la perspectiva de género

Como hemos indicado anteriormente, han sido notables los logros obtenidos por esta perspectiva al resaltar la importancia de la sociedad y su cultura en la configuración de las identidades masculina y femenina y al descubrir aspectos de minoración y opresión de las mujeres (de los que no éramos conscientes) al igual que las causas, consecuencias y vías de reparación de tales fenómenos. Hemos adquirido la convicción de que «sentirse hombre o mujer» tiene su peso en la estabilidad de la identidad propia. Nos hemos apeado de determinismos rígidos en esta cuestión.

Gracias a esta perspectiva hemos interiorizado una imagen más rica y más plenamente humana de la mujer. Se han transformado muchas relaciones entre sexos, tanto en la vida familiar como en la social. Hemos reconocido que la mujer es portadora de todos los derechos humanos, al igual que el hombre. Hemos aprendido a leer la historia no solo con una óptica masculina. Nos hemos familiarizado con ser representados política y socialmente por mujeres en las distintas instituciones. Somos más conscientes de que falta todavía la igualdad completa de las dos identidades. Un contingente importante de varones tenemos todavía por delante un largo recorrido en el camino del reconocimiento efectivo de la igualdad real.

3. El respeto de opciones diferentes en el debate sexo-género

Estas opciones se han ido mencionando a lo largo del presente trabajo. Nadie tiene derecho a acallarlas ni a *imponer* una opción única. El respeto de todas las opciones y, sobre todo, de las personas que las adoptan es un imperativo indeclinable. Una sociedad democrática se caracteriza por reconocer el derecho de todo ciudadano o ciudadana a pensar y exponer libremente su pensamiento. El pensamiento único es propio de regímenes altamente autoritarios, antidemocráticos. Si cabe alguna excepción a esta regla general, tal excepción se aplica a aquellas ideologías que tienden a destruir eficazmente la libertad democrática de la ciudadanía y producen daños graves y ciertos al bien común de toda la sociedad.

Este respeto tiene tres destinatarios. En primer lugar, los partidarios de tesis opuestas a las nuestras. Sus deficiencias respecto a la verdad no les privan del derecho de que las personas que las sustentan sean respetadas. El segundo destinatario es la comunidad humana. No es ético intentar seducirla con medias verdades deliberadamente utilizadas ni con graves ridiculizaciones de personas o de ideas de quienes piensan diferentemente. Numerosas intervenciones de responsables políticos y bastantes medios de comunicación social incurren hoy en esta conducta reprochable. El tercer destinatario es la verdad misma. El respeto a ella exige una búsqueda denodada de la verdad, controlando, en la medida de·lo posible, el apasionamiento cegador, prácticamente inevitable del todo en este asunto.

Este mismo respeto nos conduce asimismo a reconocer los puntos verdaderos o interpeladores existentes en teorías diferentes de las nuestras y aquellos otros discutibles que pueden encontrarse en nuestras posiciones. En este tema, y en otros, nadie tiene toda la verdad. Enriquecernos mutuamente es un servicio más positivo que descalificarnos y condenarnos recíprocamente.

El respeto ha de ser, pues, mutuo. Las posiciones opuestas se deben esta cortesía recíproca. Cuando esta regla se conculca desde un lado, la parte agraviada puede sentir la tentación de «responder con la misma moneda». Ha de resistirse a esta tentación. El respeto a todas las personas, incluidas las que no lo practican, es sagrado.

4. Expresar con libertad y franqueza nuestra propia visión

Tras una valoración crítica de la teoría heredada y una actitud respetuosa para con la reciente, llega el momento propicio para expresar en positivo nuestra posición. Ha sido formulada como diferente de las dos extremas. He aquí algunas de las actitudes que hemos de cuidar con esmero al exponerla.

No debemos presentarla en todos sus puntos como una verdad acabada, absoluta, inamovible. Es cierto que se encuentran en ella tesis poderosas, que no hemos de poner en duda. No son dos o tres. Junto a ellas encontramos otras que hoy, en el estado de las ciencias, la filosofía y la experiencia, nos parecen más razonables y humanas que las contrarias. Pero no nos merecen el estatuto de inamovibles. Existen, en fin, puntos oscuros y controvertidos, aún no esclarecidos suficientemente.

No sería tampoco de recibo una exposición «triunfal», fruto de una victoria sobre las insuficiencias o errores descubiertos en ambas posiciones extremas. Las connotaciones «bélicas» no se corresponden con los debates mentales y existenciales. El riesgo no es inexistente cuando el debate se convierte en dura confrontación.

Sería asimismo lamentable deslizarse a una exposición acomplejada que, influida en exceso por la fuerza de las posiciones oponentes, cayera en el defecto de maquillar el mensaje que anuncia, para evitar «rozaduras». Las habrá, porque no hay posturas más agresivas que las que adoptan los extremos ante afirmaciones serenamente discernidas.

La libertad de espíritu es un soporte imprescindible para una exposición adecuada. Nos la pide la importancia que tienen el debate vigente y sus consecuencias existenciales y sociales. La requiere la dificultad que experimentan las generaciones juveniles para asimilar una posición sensata. La postula el rechazo impetuoso e irrespetuoso con el que seguramente será acogida por grupos aguerridos que no están dispuestos a consentir ni siquiera «bemoles» a su «melodía».

Junto a la libertad, la mansedumbre. La manera de exponer el mensaje no ha de resultar ofensiva para nadie. La agresividad que pueda suscitar no ha de ser motivada por la dureza del lenguaje o de los medios que utilicemos.

Libertad y mansedumbre han de complementarse con la claridad. Esta claridad no es solo exigencia de la precisión mental. Está también postulada por una preocupación pedagógica que favorezca una recta comprensión y una adecuada asimilación.

El ámbito educativo es, con toda probabilidad, el espacio más indicado para esta exposición. Las jóvenes generaciones son las más necesitadas de mensajes equilibrados como el que, a nuestro entender, hemos intentado ofrecer en estas páginas. El ambiente que respira una buena mayoría de las personas jóvenes las hace fácilmente receptivas a otros mensajes ofrecidos por las redes de comunicación que frecuentan.

La educación tiene un primer contexto en *la familia*. Unos padres debidamente formados pueden y deben ser interlocutores pacientes y críticos con las demasías que puedan expresar los hijos. Su autoridad moral y credibilidad serán un punto a favor para esta delicada y difícil empresa. Tal credibilidad será mayor si está respaldada por el testimonio de una relación matrimonial en la que transparezca un amor recíproco e igualitario, una parentalidad generosa y una apertura mesurada y discernida al mundo cambiante en el que vivimos.

Otro entorno importante es la *escuela*. La experiencia de profesores a los que se les está ofreciendo una formación mental bien sesgada en este tema para que ellos la inculquen «transversal o longitudinalmente» a su alumnado no es imaginaria. Al mismo tiempo se les otorga la responsabilidad de detectar, en niños y púberes, síntomas a veces inocuos que «apuntan» a una «disforia de género». El Colegio de Pediatras de los EE. UU. asegura que «la ideología de género perjudica a los niños»[2].

Si este fenómeno es frecuente en el ámbito de la escuela pública, tengo algo más que la impresión de que se omite, en bastantes ocasiones, en la escuela concertada. Muchos profesores y profesoras se encuentran perplejos ante esta temática. Sienten incomodidad cuando alguien del alumnado sostiene tesis extremas o preguntan acerca de ellas. Por no sentirse preparados o por evitar tensiones con el alumnado, eluden esta área educativa. Me parece que preparar al profesorado para que ofrezca a los alumnos una visión sensata, clara y dialogante es una tarea que las personas responsables de los centros no deben descuidar ni diferir. No me extrañaría que este proceder fuera interpretado como «discriminación»

---

[2]   AMERICAN COLLEGE OF PEDIATRICIANS: *Gender Ideology Harms Children* (2016, revisado en 2017) «El Colegio de Pediatras de los EE. UU. exhorta a los profesionales de la salud, educadores y legisladores a rechazar todas las políticas que condicionen a los niños para aceptar como normal una vida de suplantación química o quirúrgica de su sexo por el sexo opuesto».

y considerado, por tanto, ilegal. La escuela que enseña el mensaje al que acabo de referirme no debe apocarse por esta adversidad, sino defenderse en razón de la libertad de opinión y expresión, que fue uno de los primeros artículos de los derechos humanos formulados en 1948 por René Cassin (art. 9)[3]. Fueron aceptados por casi todas las naciones y no fueron rechazados por ninguna.

Junto a la familia y la escuela es preciso que nos refiramos a los *medios de comunicación social*. El mismo derecho humano de la primera generación, la libertad de prensa, reconoce a todos esta libertad. No existe ningún «derecho de la verdad» que se oponga a esta libertad. Puede utilizarse para expresar ideas sensatas o extremas. En nuestro caso sería beneficioso para la sociedad que personas preparadas expresaran de manera clara, mansa y respetuosa la versión que consideramos sensata. Es conveniente que quienes «salen a la palestra» sean personas reconocidas por su solvencia. Me hago cargo de que hoy, en este tema, exponer es «exponerse». Tiene un costo. Habrá medios de comunicación social que les «apaguen el micrófono» o «se lo dosifiquen» con cuentagotas. ¿No es excesivo el silencio público de personas competentes que, en privado, manifiestan una concepción mesurada, distante de ambos extremos?

5. Explicitar con nitidez las reservas críticas que nos merecen las recientes teorías críticas del género

Si la concepción tradicional se quedó corta en aspectos importantes, las más recientes teorías de género han ido demasiado lejos. La exposición de nuestra concepción quedaría

---

[3] R. Cassin, «Le texte de la Déclaration Universelle»: *Lumen Vitae* 23, 4 (1968), 601-613.

incompleta si no declarase también en público y en privado las deficiencias y errores que descubrimos en este pensamiento «avanzado», como lo hicimos con el clásico. Esta crítica debe ser fundada para ser honesta y efectiva. Debe asentar bien sus enunciados y valoraciones. Reclama del que la realiza una formación amplia.

Una dificultad sale al paso a la hora de la realización de este trabajo: el tema género-sexo es multidisciplinario. Atañe a muchas especialidades: la antropología cultural, la filosofía, la psicología, la sociología, la biología, la medicina, la historia... Es imposible que un solo experto abarque con suficiente competencia todas estas especialidades. Como indicamos en la introducción (pág. 14), es más que deseable que el tema sea abordado por un equipo interdisciplinario que pueda concentrar las aportaciones firmes de todas ellas. Al parecer, no es fácil la formación y coordinación de un equipo de esta naturaleza. Pero es posible. Al menos conozco trabajos cuyas autoras o autores han contado con aportaciones o apoyos de personas expertas en diferentes ramas del saber[4].

Entretanto, no podemos permanecer inactivos. Los principales trabajos existentes deben ser conocidos. Este modesto libro, consciente de sus notables limitaciones, quiere alentar a otros autores y autoras a elaborar estudios que largamente lo mejoren.

6. Discernimiento crítico de las leyes relativas al género

Era necesario que Parlamentos y Gobiernos tomaran cartas tanto en el tema del feminismo como en el de sexo-género. Sus promotores han sido eficazmente alentados por la ONU,

---

[4]   J. ERRASTI y M. PÉREZ ÁLVAREZ, *Nadie nace en un cuerpo equivocado*, Deusto, Barcelona 2022, 277-278.

el Consejo de Europa, la OMS, la UNESCO y otros organismos mundiales y europeos. Han urgido a los Estados miembros a adoptar iniciativas legislativas y decisiones ejecutivas.

Remitiéndonos a algunos ejemplos de la legislación española, la Ley Orgánica 1/2004, de 28 de diciembre, se ocupa justamente de la violencia ejercida sobre las mujeres. Otra ley orgánica, la 3/2007, de 22 de marzo, propugna, con fundamento, la paridad de hombres y mujeres en el acceso a juntas directivas de empresas, dirección de partidos políticos y cargos de responsabilidad. Estas leyes son tal vez incompletas, pero sustancialmente justas y humanas al menos en su tesis fundamental.

En cambio, otras leyes no nos merecen la misma calificación. Hemos valorado ya la llamada ley trans del año 2022 (págs. 125-131). La Ley Orgánica 2/2010, de 3 de marzo, y la Ley Orgánica 1/2023, de 28 de febrero, por ejemplo, incluyen el aborto junto a los «derechos reproductivos y el derecho a la maternidad libremente decidida». La Ley 13/2005, de 1 de julio, redefine la figura jurídica del matrimonio convirtiéndolo en una institución cuyo meollo único es la convivencia afectiva de dos personas de igual o distinto sexo, con la posibilidad de ser disuelta unilateralmente por una de ellas. Desaparecen de la ley los términos *marido* y *mujer*, *esposa* y *esposo*, *padre* y *madre*. Cada esposo ha de inscribirse en el Registro Civil como cónyuge A o cónyuge B[5].

No es descabellado suponer en el conjunto de leyes que se van promulgando una intención de promover por vía legal una forma de entender la identidad sexual y de género. Una forma, en definitiva, de entender al ser humano. «Se puede abordar integralmente el derecho a la identidad de género [...] sin asumir posturas que impliquen riesgos para derechos

---

[5]   E. ALBURQUERQUE, *op. cit.*, 60-63.

fundamentales ajenos. Entre otros y muy significativamente, la libertad ideológica (de pensamiento y expresión) [...] Se puede impedir la discriminación y la falta de respeto a las minorías diferentes, las situaciones de sufrimiento gratuito, las agresiones a la identidad personal, con leyes que no impongan lo que no se puede imponer»[6].

7. Sensibilidad activa ante cualquier tipo de abusos

a) *Contra las llamadas «violencias de género»*

Los atentados mortales perpetrados por despecho o por machismo contra mujeres allegadas por varones desalmados o ciegos de furor que se ensañan con ellas y las asesinan constituyen una de las mayores atrocidades interpersonales y una vergüenza social. A pesar de las protestas públicas, persisten con una frecuencia inaudita. Los casos conocidos públicamente por sus efectos mortales esconden una multitud de violaciones de otro nivel. Algunas son denunciadas por las mujeres afectadas. Otras muchas quedan en la total oscuridad de una relación privada que es un infierno. Es preciso que un amplio número de ciudadanos y ciudadanas salga a la calle cuando sean conocidos tales casos. No tiene credibilidad el testimonio feminista de aquel o aquella que no se enciende y, pudiéndolo, no protesta públicamente ante tales inhumanidades.

Todas las personas estamos llamadas a poner nuestro grano de arena para exterminar este crimen abominable: autoridades, fuerzas de seguridad, educadores, hombres y mujeres.

---

[6] M. ALBERT, «El derecho a la identidad de género en el ordenamiento jurídico español», en VV. AA., *Transexualidad. Valoración pluridisciplinar del fenómeno y su regulación legal*, Universidad Católica de Valencia, Valencia 2007, 135 y 137.

b) *Ante procedimientos utilizados por grupos que se han erigido en* lobbies *de presión e incluso en grupos de poder vinculados en exceso a poderes políticos, económicos y mediáticos*

Tienen gran influencia en bastantes sociedades europeas y en la norteamericana. También en la española[7]. Sería saludable para la sociedad que saliera a la luz pública lo que exista de exceso en su proceder. Naturalmente, solo aquello que esté rigurosamente contrastado y comprobado; tienen unos derechos humanos individuales y colectivos que es preciso respetar escrupulosamente. No tengo conocimiento de ningún estudio riguroso que haya investigado este delicado asunto. Pero existen indicios que reclaman una transparencia informativa mayor.

8. Crear condiciones favorables a la familia fundada en el matrimonio de un hombre y una mujer

Dada la concepción de la relación entre sexo y género que hemos sustentado, la familia fundada en el matrimonio heterosexual complementado por los hijos *merece* un tratamiento esmerado. La sociedad se lo debe, porque es la forma de unión que objetivamente más se compromete con ella y le brinda nuevos ciudadanos.

---

[7] Ley trans: «El Consejo de Participación de las Personas LGTBI es el órgano de participación ciudadana en materia de derechos y libertades de las personas LGTBI, y tiene por finalidad institucionalizar la colaboración y fortalecer el diálogo permanente entre las Administraciones públicas y la sociedad civil en materias relacionadas con la igualdad de trato, la no discriminación por razón de orientación sexual, identidad sexual, expresión de género y características sexuales; y de reforzar la participación en todos los ámbitos de la sociedad de las personas LGTBI y sus familias» (título I, art. 9).

Lo merece y lo *necesita*. Una sociedad ideológicamente revuelta influye sobre su consistencia. Unas alternativas que se presentan como legalmente equiparadas y equivalentes a ella debilitan su imagen social. Aquellos grupos sociales que, en su programa de deconstruir la sociedad existente, consideran a la familia clásica como pieza clave de la sociedad clásica, procuran debilitarla y ejercen su impacto negativo sobre ella.

Son muchos y sólidos los factores en su contra. La sociedad y sus dirigentes deben favorecerla. Personas, instituciones educativas cívicas y eclesiales, disposiciones y medidas gubernativas están llamadas a favorecer las condiciones que contribuyen a la salud integral de esta forma de familia (hoy especialmente delicada), a fin de que pueda vivir sin demasiadas dificultades la conyugalidad, la generatividad y la apertura a la comunidad.

Hemos de constatar que, al menos en la dotación económica, el apoyo prestado por sucesivos Gobiernos españoles es más débil que el que reciben las familias de otros países. La media de aportación de la Unión Europea constituye un porcentaje del gasto público sensiblemente más cuantioso que la española. Francia y Suecia nos superan con creces.

9. Promover decididamente la natalidad

Un apoyo económico apreciable a *todas las familias legalmente reconocidas* por cada hijo durante su infancia y adolescencia; unas subvenciones que estimulen la emancipación juvenil y favorezcan el acceso a una vivienda propia o de alquiler; unas rebajas fiscales; una promoción del empleo juvenil; una sensibilización de la población ante este invierno de la natalidad son servicios que nuestra sociedad debe postular de sus legisladores y gobernantes.

Soy consciente de que, además del económico, hay otros factores culturales que frenan la natalidad. Pero el hecho de que en Francia los apoyos de orden económico y las ventajas sociales hayan logrado que la tasa haya subido hasta 1,83; en Suecia, a 1,66, y en Noruega, a 1,48, nos hace pensar que, al menos a medio plazo, podemos dejar atrás nuestra baja cifra actual de 1,2. No olvidemos que la reproducción está inscrita en el mismo dinamismo de la sexualidad. Es natural que este dinamismo se traduzca, sobre todo en la mujer, en deseo de engendrar, por encima de factores que refrenan este deseo o retardan su realización. Este deseo puede quedar bloqueado por circunstancias adversas. Pero subsiste, siquiera al menos en el subconsciente de la mujer y muchas veces en su deseo consciente.

Un bloqueo fuerte y continuo de esta tendencia a la maternidad no contribuye en absoluto a la dicha de la mujer ni a la calidad de la unión entre los esposos. Tal vez no sea siempre visible su impacto negativo. Pero puede traducirse en algunos efectos psicosomáticos y malestares difusos. No existe solo «el mal que no tiene nombre» del que hablaba Betty Friedan en alusión a la mujer confinada en el hogar. También existe el malestar existencial de un instinto maternal no reconocido o no satisfecho.

Si queremos una sociedad sana, los responsables de la sociedad habrán de procurar para las familias la máxima sanidad posible. Si «enferman» por deficiencias de apoyos sociales, institucionales o gubernamentales, por ideologías antinatalistas, por negligencia o inconsciencia, su debilidad repercutirá sensiblemente en la salud social.

Epílogo
Posiciones actuales

Quiero poner término a este libro recapitulando sucintamente las diversas posiciones existentes *actualmente* a la hora de concebir la relación entre *sexo y género*, y señalando aquella con la que, a mi entender, habríamos de identificarnos. La enumeración de este elenco de opciones y la elección de la que creemos más atinada resume en cierta manera el recorrido de todo mi trabajo[1].

Como todo intento de tipología o clasificación, este propósito no puede evitar cierta simplificación. En realidad, los tipos no son tan nítidos. Las personas podemos «combinar» e incluir en nuestra opción elementos de otras opciones. En cualquier caso, enumerarlas y descubrirlas ofrece mayor claridad que confundirlas indistintamente.

1. El sexo existe; el género no existe

Un primer modelo se aferra a la concepción clásica y secular que describimos en las páginas 7-10. Remitién-

---

[1] Estas páginas finales están inspiradas libremente en S. Martínez Cano, *Sobre el género y la identidad*, Perpetuo Socorro, Madrid 2022, 44-54.

donos a sus convicciones sobre la relación sexo-género, este modelo puede condensarse en las tres afirmaciones siguientes:

- La naturaleza conoce solo dos sexos: masculino y femenino. De ellos se derivan las características psicológicas y sociales y el papel que corresponde a cada uno de ambos. Todos ellos son simple prolongación del sexo. El género «ni está ni se le espera».
- El hombre y la mujer no son solo diferentes, sino también *desiguales*. El hombre es por naturaleza *superior* a la mujer. La naturaleza le ha dotado más generosamente.
- De esta superioridad se derivan la *dominación* del hombre y la *subordinación de la mujer*.

¿Cuál es la diferencia de este modelo con respecto de la mentalidad clásica? Los contenidos centrales son los mismos. Pero la cosmovisión en la que se inscriben ha cambiado. Hoy la cosmovisión secular está en crisis de descomposición. Antes de esta deconstrucción, era natural mantener estas convicciones. Persistir hoy en todas ellas resulta anacrónico y obstinado.

Quienes las mantienen pertenecen a grupos fundamentalistas políticos, sociales y religiosos: «No son grupos mayoritarios, pero sí son visibles mediáticamente» y «sus posturas son beligerantes»[2]. Este modelo tiene al *patriarcado* como eje nuclear.

---

[2] *Ibid.*, 47.

2. El sexo es predominante; el género es apenas relevante

Es una versión suavizada del primer modelo:

– La existencia de los dos sexos (masculino y femenino) es natural. Se admite el concepto y el término de género, pero como prolongación social de la condición sexual de la persona.

– Se valora más el sexo femenino: se le acepta como complemento del sexo masculino, pero se le sigue considerando subordinado a él.

– El sexo es fuerte: tiene una poderosa influencia cuasi-determinante. El género, en cambio, es débil. En otras palabras: lo que aportan la educación, la vida familiar, el ambiente, la cultura a la identidad de la persona es poco con respecto a lo que aporta el sexo biológico. El sexo «se escribe con mayúsculas»; el género, en cambio, «con minúsculas».

Esta versión reconoce cierta participación de la mujer en el mundo laboral y en cuestiones económicas. No convierte en *casus belli* el debate con concepciones diversas: no es belicista. Pero sigue manteniendo la superioridad natural del hombre y cierta subordinación de la mujer, menos estricta. Considera anómalas y marginales todas las diversidades sexuales y de género (homosexualidad, transgénero, etc.).

Esta mentalidad es hoy más frecuente que la primera. Sigue siendo patriarcal.

3. Existen género y sexo y son interdependientes

– El género cobra mayor relevancia en esta opción. El sexo es natural. El género es construcción cultural.

Dentro del sexo existen una variedad de alteraciones (homosexualidad, transexualidad) pero se tiene más cuidado para no calificarlas como patologías.

- La diferencia entre los caracteres y roles masculino y femenino se difumina notablemente. En otras palabras: existe una menor distinción entre características masculinas y femeninas. También entre los roles o funciones de unas y otros. La diferencia es más bien de estilo. Hombres y mujeres tienen básicamente, en buena parte, cualidades y funciones equiparables. Difieren, sobre todo, en el *estilo* en que las ejercen.

- En consecuencia, la intervención de la mujer en la vida laboral, social y política ha de equipararse a la del varón. La participación de este en la vida familiar y en las tareas domésticas es connatural a su condición de esposo y padre.

- En cualquier caso, la diferencia (no la desigualdad) de sexos subsiste como elemento distintivo fundamental entre el hombre y la mujer. Esta diferencia influye en el género; pero también es influida por este: existe una interdependencia entre sexo y género. La educación, el ambiente, la cultura tienen su influencia en la identidad y en la orientación sexual.

- A la hora de calibrar el alcance de esta interdependencia, las sensibilidades de los incluidos en este modelo se muestran plurales. Unos subrayan más y otros menos esta interdependencia. Otros destacan más la dependencia del género sobre el sexo o la del sexo sobre el género.

Las personas que defienden este modelo se caracterizan por su tolerancia y su disposición al diálogo.

4. El género prevalece sobre el sexo

- El género de una persona no se deriva del sexo. Es producto de la interacción de la persona con el entorno en el que se produce la primera socialización (sobre todo el entorno familiar) y la segunda (infancia adulta y adolescencia). El género resultante no es solo binario, sino múltiple. Una persona puede ser bigénero (perteneciente a dos géneros), trigénero e incluso poligénero.
- Lejos de cualquier interdependencia entre género y sexo, el individuo puede jugar con su género múltiple y su sexo y establecer toda clase de relaciones sexuales con cualquiera sin ninguna consideración a su sexo biológico, que es infinitamente maleable.
- Con todo, en este modelo, el elemento central y determinante no es la prevalencia del género sobre el sexo. Es la libertad personal. Cada cual es lo que decide ser (hombre, mujer, un ser intermedio, un ser distinto). Mantiene la relación que desea con cualquiera de las «diversidades» existentes.

Este modelo tiene acogida, sobre todo, entre grupos juveniles que se apoyan en «estudios de género» de estilo radical.

5. El género es inconsistente y el sexo biológico está «modelado» por el discurso dominante

Algunos feminismos minoritarios y grupos de la corriente *queer* se adscriben a esta tesis extrema, que puede caracterizarse así:

- El sexo que poseemos, lejos de ser un elemento previo y condicionante de la identidad de la persona, es fruto, hasta sus últimas conexiones nerviosas, del *discurso* (del pensamiento dominante). Cada cultura lo ha modelado somáticamente. No solo es maleable y adaptable a cualquier relación. Ha sido *construido* no por la naturaleza, sino por *la cultura hegemónica*. Los conceptos y palabras elaboradas por ella lo han ido modelando. La palabra ha ido configurando y transformando a lo largo de la historia el sexo biológico.

- La libertad del individuo puede adherirse a cualquiera de las múltiples modalidades de género existentes o crear nuevas modalidades. Cuanto más numerosos sean los géneros y menos arraigados estén en el sexo biológico, son más volátiles y fluidos. Son puro producto de los sentimientos y de comportamientos repetidos una y otra vez; pero carentes de consistencia y estabilidad.

- La fluidez de los géneros facilita la migración de un género a otro. Tal migración está a merced de lo que, en cada circunstancia vital, siente el individuo. Cualquier contacto sexual con cualesquier géneros o con cualquiera de los sexos es igualmente válido: ninguno es natural, es decir, postulado por la naturaleza. Tampoco la relación heterosexual.

El emotivismo y el carácter libertario son dos caracteres de este modelo. La diferencia entre los sexos es completamente irrelevante. Curiosamente, este modelo extremo que se presenta como el más avanzado es una nueva versión modificada del dualismo alma-cuerpo. El cuerpo no cuenta para nada en la construcción de la persona. Es pura pasividad que se deja conducir enteramente por la subjetividad del individuo y por los géneros que ella «fabrica».

* * *

El itinerario de todo el trabajo ha pretendido explicar que el modelo que más se acerca a nuestra posición es el que figura en tercer lugar y con una modalidad que concibe el cuerpo sexuado, la influencia educativa y cultural, el sentimiento de varón o mujer y la libertad como los cuatro componentes interdependientes de la identidad sexual. Por otro lado, hemos insistido más que otras modalidades del mismo modelo en la importancia del cuerpo sexuado. Hemos marcado más la diferencia y la reciprocidad de los cuerpos sexuados de ambos. Hemos reconocido que, aunque atenuadas respecto a la mentalidad antigua, algunas diferencias psicológicas y sociales entre el hombre y la mujer son subsistentes y consistentes. Es muy difícil delimitar en ellos lo que es natural y lo que es cultural. Naturaleza y cultura están intrincadamente entrelazadas.

El debate sexo-género no se resuelve, pues, en una mutua descalificación, sino en una sabia combinación, no exenta de tensión dialéctica, pero llamada a una síntesis en la que los elementos biológicos, psíquicos y sociales sean respetuosamente asumidos por una libertad responsable en la que todos ellos encuentren su desembocadura.

Índice general

Índice 5
Introducción 7
  1.   Los postulados básicos del pasado 7
  2.   El malestar generado por los postulados enunciados 10
  3.   La estructura de mi exposición 12
  4.   Observaciones preliminares 13

PARTE DESCRIPTIVA

1. Sexo, género y feminismo (1.ª fase) 19
  1.   La primera fase 20
  2.   La segunda fase 21
     a) *Simone de Beauvoir* 21
     b) *El feminismo se adhiere a las tesis de John Money* 23
     c) *El concepto de género va ganando en extensión y profundidad* 28

2. Sexo y género a partir de finales del siglo XX (2.ª fase) 33
  1.   El feminismo de la diferencia 33
  2.   El feminismo institucional: su origen y transformación 34
  3.   Fin de siglo: novedades importantes 37
  4.   La teoría y el movimiento *queer* 39
     a) *Judith Butler* 40
     b) *Donna Haraway* 43

PARTE EXPLICATIVA

3. Movimientos sociales y avances científicos 53
   1. El movimiento LGTB 53
     a) La gestación del movimiento LGTB 54
     b) Los logros de LGTB 56
     c) Los azares de LGTB 59
     d) Los contragolpes de LGTB 62
   2. Los avances científicos 65
     A) El sexo: una realidad biológica compleja 65
       a) *El sexo cromosómico* 65
       b) *El sexo gonádico* 66
       c) *El sexo hormonal* 67
       d) *El sexo cerebral* 68
       e) *El sexo psicológico* 69
     B) Los avances de la psicología de la sexualidad .. 70
       a) *La pulsión sexual* 70
       b) *Sexo y amor* 72
       c) *Sexualidad masculina y sexualidad femenina* 74
         – Consideraciones previas 74
         – Diferencias 75

4. El trasfondo mental y vital de las teorías de género .. 79
   1. El construccionismo 79
   2. Michel Foucault 81
   3. El existencialismo de Sartre 83
   4. El freudomarxismo 84
   5. Los progresos de la antropología cultural 85
   6. El individualismo 87
   7. La posmodernidad 89
     a) *El desencanto ante la modernidad clásica* 89
     b) *La ausencia de ideales y proyectos colectivos* . 90
     c) *La concentración en el ego* 90
     d) *Fuerte declive de la razón y auge del sentimiento* 91
     e) *Haz lo que quieras* 91

5. Posición de la Iglesia 93
   1. Intervenciones diplomáticas 93

2. Pronunciamientos de organismos de la curia romana 95
3. Intervenciones pontificias 98
   a) *Juan Pablo II* 98
   b) *Benedicto XVI* 98
   c) *Francisco* 99
4. Intervenciones episcopales 102
5. La recepción teológica de esta doctrina 102

PARTE VALORATIVA

6. **Sexo y género: valoración** 107
   1. La concepción tradicional, a examen 107
   2. Las nuevas concepciones de género: discernir 113
      A) El concepto de género anterior a la teoría *queer* (análisis valorativo) 113
         a) *La teoría de género como instrumento de investigación* 114
         b) *Verdad y error de esta concepción de género* 115
      B) El concepto *queer* del género: evaluación 116
      C) Las cuatro dimensiones esenciales de la identidad humana 117
   3. Una mirada de discernimiento a los cambios de sexo y género 119
      A) El tratamiento de la transexualidad 119
      B) Valoración crítica de la reciente ley trans 125
         a) *Algunos rasgos descriptivos* 125
         b) *Algunas reflexiones valorativas* 126
            – Los motivos expuestos en la ley trans . 126
            – Mis valoraciones críticas 129
            – La Confluencia Movimiento Feminista . 130
      C) Las nuevas concepciones de género ¿son una ideología? 132
   4. Posición de la más reciente teoría sobre el matrimonio y la familia 133
      a) *Uniones de hecho* 133
      b) *Las uniones de parejas del mismo sexo* 135
      c) *Uniones del mismo sexo y adopción* 137

5.   Anotaciones a la posición de la Iglesia 139
     a) *Aportaciones humanizadoras* 140
     b) *Posiciones mejorables* 144

PARTE OPERATIVA

7. Una posición activa y abierta ante el debate acerca del sexo y el género 151
     1.   Exponer un discernimiento crítico de la mentalidad que ha estado secularmente vigente 152
     2.   Reconocer abiertamente los progresos favorecidos por la utilización de la perspectiva de género 153
     3.   El respeto de opciones diferentes en el debate sexo-género 154
     4.   Expresar con libertad y franqueza nuestra propia visión 155
     5.   Explicitar con nitidez las reservas críticas que nos merecen las recientes teorías críticas del género . 158
     6.   Discernimiento crítico de las leyes relativas al género 159
     7.   Sensibilidad activa ante cualquier tipo de abusos .. 161
          a) *Contra las llamadas «violencias de género»* .. 161
          b) *Ante procedimientos utilizados por grupos que se han erigido en* lobbies *de presión e incluso en grupos de poder vinculados en exceso a poderes políticos, económicos y mediáticos* 162
     8.   Crear condiciones favorables a la familia fundada en el matrimonio de un hombre y una mujer .. 162
     9.   Promover decididamente la natalidad 163

Epílogo. Posiciones actuales 165
     1.   El sexo existe; el género no existe 165
     2.   El sexo es predominante; el género es apenas relevante 167
     3.   Existen género y sexo y son interdependientes 167
     4.   El género prevalece sobre el sexo 169
     5.   El género es inconsistente y el sexo biológico está «modelado» por el discurso dominante 169

Índice general 172